J'APPRENDS LE FRANÇAIS

Du même auteur

Éva ou la Justice est un roman, avec Matthieu Aron, Robert Laffont, 2003.
Code Da Vinci : l'enquête, avec Frédéric Lenoir, Robert Laffont, 2004.
Le Bûcher de Toulouse. D'Alègre à Baudis : histoire d'une mystification, avec Matthieu Aron, Grasset, 2005.
La Saga des francs-maçons, avec Frédéric Lenoir, Robert Laffont, 2009.
Un milliard de secrets, Robert Laffont, 2011.
L'Indignée de la République, avec Matthieu Aron, Robert Laffont, 2012.
Et soudain, ils ne riaient plus, avec Marie-Amélie Lombard, Dorothée Moisans et Thierry Lévêque, Les Arènes, janvier 2016.
Marseille, le roman vrai, Stock, 2016.

www.editions-jclattes.fr

Marie-France Etchegoin

J'APPRENDS LE FRANÇAIS

JC Lattès

Maquette de couverture : Fabrice Petithuguenin

ISBN : 978-2-7096-6190-4

Première édition mars 2018.

Aux êtres de voyage

Chapitre 1

Je

— Bonjour, je suis Marie. Et vous ?
— Je suis Sharokan.
— Bonjour, je suis Marie. Et vous ?
— Je suis Abdullah.
— Bonjour, je suis Marie. Et vous ?
— Je suis Suleyman.
— Bonjour, je suis Marie. Et vous ?
— Je suis Salomon.
— Je suis Aldon, je suis Ibrahim, je suis Omar…

Chaque fois la même ritournelle. Cela n'a l'air de rien, c'est sans surprise. Mais, ici, nous savons pourquoi nous aimons ces salutations cent fois répétées, nous le savons confusément mais nous le savons. Ce rituel apprend à dire *je* – *JE, MOI,* unique, irremplaçable, ici et maintenant, ce rituel apprend le verbe *être,* sans lequel on n'est rien, quels que soient la langue que l'on parle et le pays d'où l'on vient. Comment être quand on a tout perdu ? Comment être quand on se cherche encore ? Je revisite ces mots avec vous.

JE – SUIS, et le prénom qui nous a été donné. Trois mots collés ensemble et qui, selon la manière dont ils sont prononcés, divisent le monde en deux. Moi, je les formule sans avoir besoin d'y penser. Ils sont comme l'air que je respire, le pied que je mets en avant pour marcher, les yeux que je ferme pour dormir. Personne ne m'a jamais interdit de dire *Je*. Personne ne m'a jamais empêchée d'*être*, ou si peu. *Je suis*. Je suis l'amoureuse de mon mari. Je suis la mère d'enfants qui me ravissent. Je suis la fille qui honore sa mère et son père. Je suis une sœur aux côtés de son frère. Je suis une journaliste qui écrit des livres. Je suis une habitante de la Mouzaïa, quartier champêtre de la capitale à l'ombre de barres en béton. Je suis une Parisienne dont le seul véritable problème est d'avoir dépassé la cinquantaine. Je suis une femme qui mène une vie pleine mais qui n'aime pas se contenter de ce qu'elle a. Je suis une Occidentale moyennement névrosée, avec une voix planquée dans un recoin incognito de son petit moi qui lui serine parfois : « Es-tu sûre d'être vraiment ce que tu dis ? » Je suis quelqu'un à qui il arrive d'éprouver ce vertige que Freud appelait « l'inquiétante étrangeté ». Mais, au bout du bout, je suis. Je suis qui je suis. Je l'affirme en toute tranquillité : Je suis Marie et même Marie-France si je veux…

Vous, vous êtes nés dans un monde où dire *je* est un risque, parfois un combat, voire une folie. Souvent la question ne se pose même pas car votre possibilité d'*être* a été niée et brisée par des dictatures de fer ou des régimes fondés sur la ségrégation ethnique, par des tyrans paranoïaques ou des islamistes assoiffés de pouvoir et de vengeance. Votre vie a été marchandée par les passeurs et les trafiquants. Ou alors « simplement » entravée par la pauvreté, par des parents intransigeants, par le sentiment d'étouffer alors que vous avez à peine vingt ans. Ou alors, c'est l'inverse. Vous n'avez pas choisi de partir. Vos familles vous auront désignés parce que vous étiez l'aîné ou le cadet, qu'importe, vous étiez celui auquel revenait la charge de gagner un peu d'argent pour nourrir tous les autres. Votre exil, alors, ne serait pas une question de vie ou de mort, mais « seulement » de survie, ou juste de vie meilleure. Peut-être y a-t-il dans vos rangs de sales types. Peut-être que même les meilleurs d'entre vous ont fait, pour arriver jusqu'ici, des choses que jamais ils n'auraient imaginé faire. Qui suis-je pour juger la qualité de votre courage ? Comparés à moi, vous êtes tous des braves. De même, j'ignore qui parmi vous a été étiqueté « migrant économique ». Je ne veux pas le savoir. À force de vous fréquenter, je sais que cette classification est absurde et surtout qu'elle ne résout rien. Puisque vous êtes là.

« Toute personne a le droit de circuler librement… Toute personne a le droit de quitter tout pays, y compris le sien. » L'article 13 de la Déclaration universelle de droits de l'Homme entérine un état de fait. Les migrants sont vieux comme le monde. Les migrants font le monde. Un jour, ce sera peut-être mes petits-enfants, ou même mes enfants, ou moi, qui sait ? Un jour, nous fuirons nous aussi, mus par la nécessité ou par la volonté d'exister. Nous quitterons tout pour pouvoir à nouveau parler à la première personne.

Avant de vous connaître, j'étais comme tous ceux qui ne vous connaissent pas.

Au mieux, vous étiez des ombres. Au pire une « déferlante », une « horde », une masse informe et innommable. Une armée de spectres débarqués de navires de fortune au milieu des fantômes de noyés. Une cohorte de silhouettes sans visage parquées dans une « jungle » ou sous un échangeur d'autoroute. Un entassement de corps, sales, infectés de blessures, rongés par la gale ne suscitant que pitié, colère, indifférence puisque les trois vont de pair : comment supportez-vous de vivre ainsi ? Pourquoi acceptez-vous d'être si misérables ? De quel droit vous montrez-nous votre malheur ?

Ou alors, vous étiez des numéros de dossier enregistrés en préfecture, des chiffres et des lettres, sans autre signification que celle du comptage et du tri dans le grand système informatique de la gestion des migrants. Vous étiez dans les limbes. Celles de l'administration, celles de nos peurs ou de notre mauvaise conscience, celles de vos propres peurs. Pour en sortir, vous devez réapprendre à vous faire entendre.

JE.
I en anglais
أنا (ana) en arabe.
من (man) en persan.
Je suis. Vous êtes.

Vous êtes Reza, Mahmoud, Moussa, Abdelaziz, Filimon. Je suis Marie-France.

— Comme la France ? demandez-vous.

— Oui comme la France… Mais appelez-moi Marie, c'est plus simple.

Je n'y peux rien si je porte ce prénom. Je suis comme vous, je n'ai pas choisi ceux qui m'ont donné le jour, je n'ai pas choisi la terre qui m'a vue naître, je n'ai pas choisi la langue qui m'a été transmise. Seul le hasard fait que je ne les ai pas perdus. Vous, vous avez dû vous arracher à tout : à la mère et au père qui vous ont désigné, au sol où vous avez appris à parler, aux mots qui vous ont forgés. Vous n'êtes pas seulement privés de votre identité et de votre pays. Vous êtes privés du pouvoir de dire, coupés de votre « langue maternelle », « parentale », « natale », « première », peu importe comment on l'appelle, le résultat est le même. Il vous faut en faire le deuil et en apprendre une nouvelle, pas seulement des mots et une syntaxe mais aussi la manière dont ils organisent les choses et les êtres. Vous devez naître une deuxième fois.

Vous ? « Ils » ou « Eux », disent ceux qui veulent vous voir partir, qui ne croient pas votre présence souhaitable, possible, « réaliste ». Mais vous êtes là et même ici. *Here* en anglais, انه (una) en arabe.

Vous habitez à quelques mètres de chez moi, rue Jean-Quarré, dans un ancien lycée hôtelier qui enseignait, autrefois, les métiers du tourisme et de l'accueil. Vous êtes près de cent cinquante, seulement des hommes, dans ce bâtiment déglingué transformé en centre d'hébergement d'urgence. Vous espérez des papiers et un asile que peut-être vous n'obtiendrez jamais. Avant, je vous croisais à l'entrée ou à la sortie du métro, parfois à la poste ou aux abords du marché de la place des Fêtes. Depuis peu, je vous donne des cours.

Chapitre 2

Venir de…

Nous apprenons, deux fois par semaine, parfois trois.

Nous apprenons de 18 heures jusqu'à 20 heures, souvent 20 h 30.

Je dis NOUS parce que j'apprends autant que je vous apprends. J'apprends à vous connaître aussi bien qu'à me connaître. J'apprends ce qui fait une langue et j'apprends ce qui se défait quand on ne la possède pas. Perdre sa langue. Avaler sa langue. Délier sa langue. Prendre langue.

Nous apprenons assis en rond. Nous apprenons dans une pièce sans fenêtre. Nous apprenons à dire *je*. Nous apprenons à dire où nous habitons

– Paris, 19e, métro Place-des-Fêtes, pareil pour vous et pour moi. Nous apprenons à dire d'où nous venons, tanguant ensemble au bord du gouffre qui nous sépare : je n'ai jamais été dans les pays dont vous parlez alors que vous, vous connaissez le mien.

Parfois, vous citez des villes, Kandahar, Kaboul, El Geneina, Khartoum, Asmara, Addis-Abeba, Mogadiscio. Jamais Alep ou Damas, il n'y a aucun Syrien parmi vous, la plupart de ceux qui sont arrivés en France ont déjà obtenu l'asile et ne sont pas logés dans des hébergements « d'urgence », tels que Jean-Quarré. D'autres fois, aussi, vous citez des villages dont je ne parviens pas à retenir le nom. Le plus souvent vous répondez ce que vous avez répondu des dizaines de fois depuis que vous êtes partis de chez vous. Aux policiers, aux douaniers, aux gardiens de camps de réfugiés, de rétention ou d'« orientation ». « Afghanistan », « Soudan », « Érythrée » ou alors « Éthiopie », « Somalie », « Libye », « Tchad », « Guinée ». Indication de provenance comme à l'import-export.

Vous n'êtes pas des marchandises, alors, je veux vous apprendre le verbe *venir*.

— On dit *je viens d'*Éthiopie, *je viens du* Soudan, *je viens de…* »

— Viens ?

— Oui, regardez : Je suis là (à côté de la porte) et puis je vais là-bas (au fond de la pièce). Je viens de…

— Toi, marches ?

— Non, « viens » et « marches », pas la même chose. Viens, c'est *come if you speak english.* Je viens de, *I come from. Where do you come from ?* D'où venez-vous ?

« Je viens de Afghanistan. Je viens de Soudan. Je viens de Tchad… » Oui, c'est ça, pour la préposition, on verra plus tard, je vous fais répéter la même phrase jusqu'à ce que son rythme, sa sonorité s'impriment en vous. Puis, je vous pose encore et encore la question de vos origines, même si cet interrogatoire me laisse un goût amer, parce que je sais qu'on vous y soumettra sans cesse et qu'il sera souvent la marque d'une suspicion ou d'un rejet, le signe d'une humiliation. Mais, il faut bien vous expliquer comment parler du pays où on est né, autrement qu'en cochant une case sur un formulaire. Et pour que vous compreniez bien me voilà ajoutant d'autres mots qui, aussitôt énoncés, me mettent mal à l'aise : « Bonjour. Je suis Marie-France. Je suis française. Et vous ? » *Je suis française* et je brandis sous votre nez des papiers que vous n'avez pas, que vous n'aurez peut-être jamais. Je suis française et je porte un prénom en forme d'étendard, Marie-France, une vague promesse, peut-être une menace, comme une carte tricolore, un badge de la préfecture, un insigne de police. Y décelez-vous la même chose ? Ou est-ce mon imagination qui s'emballe ? Riez-vous sous cape quand je tente désespérément de rétablir l'équilibre, de changer les termes de l'échange ?

— Par exemple, moi, Marie, *je viens du* sud de la France.

— Ah O.K… Marseille ?

— Non de l'autre côté, à gauche de la carte, tout en bas, à la frontière de l'Espagne, vous voyez ? Ça s'appelle le Pays basque.

— Pays, *like a country ?*

— Euh oui comme *country.*

— Marie-France pas de France ?

— Oui, oui de France. Le Pays basque n'est pas un pays. Enfin, pour certains oui, pour d'autres non. Bref, c'est compliqué.

— Compliqué ?

— Difficile, *difficult.* Mais pas important, enfin je veux dire pas grave.

— Grave ? Problème ?

— Non, pas de problème. *No problem… Forget it… Sorry.* Donc, on dit : je viens, tu viens, il ou elle vient… »

Venir de…

Souvent, je trébuche, je tâtonne. Je n'ai aucun diplôme de professeur. Je n'ai jamais fréquenté un quelconque institut de formation des maîtres. Ni obtenu de certificat d'aptitude dans le domaine de l'alphabétisation. Je suis ce que l'on appelle une « bénévole ».

Chapitre 3

(S')Appeler

Hier, vous étiez vingt et je ne savais plus où donner de la tête. Il est arrivé aussi que je m'échine devant un seul d'entre vous parce que, ce jour-là, vous étiez fatigués, la tête occupée par mille pensées, ou bien vous aviez préféré vous promener aux alentours de la place des Fêtes ou faire une partie de foot dans la cour du vieux lycée tant bien que mal retapé pour vous loger.

Aujourd'hui, vous êtes venus à dix. Un bon chiffre, raisonnable. Moyenne d'âge : vingt-trois ans, celle de mes enfants. Il y a ceux que je retrouve chaque semaine. Il y a des têtes que je vois pour la première fois, dont certaines que je ne reverrai plus. Je le sais déjà. Si quelques-uns parmi vous ont déjà leur statut de réfugiés et donc l'autorisation de « séjourner » en France, vous êtes, pour la plupart, des « expulsables ». Et beaucoup, parmi vous, ne sont que de passage. Souvent, j'ai du mal à me souvenir de vos prénoms, surtout quand vous ne vous montrez qu'une fois tous les deux mois. Je les prononce mal aussi. Je les écorche. Comme vous, je suis « *lost in Translation* ».

Pour vous garder en mémoire, je m'amuse à vous fabriquer des sobriquets en fonction de ce que je perçois de votre personnalité ou de votre allure. « La Flèche », « Superman » ou « Jerry Lewis ». Un pense-bête que je garde pour moi, même si je crois que vous ne vous en offusqueriez pas…

La salle de classe est au rez-de-chaussée, sous vos chambres et les bureaux des travailleurs sociaux qui suivent le traitement de vos demandes d'asile par la préfecture. La porte donne sur le préau couvert de graffitis et de fresques, sur les poubelles qui s'entassent, sur les w.-c. qui fuient et aussi sur un jardin potager communautaire, avec des petites pancartes pour chaque plante ou légume, « ciboulette », « thym », « tomates »,

« choux ». Quand il fait beau et que vous y prenez le soleil, je suis Madame Rabat-Joie.

Aujourd'hui, comme à chaque fois, je sors mes feutres verts, bleus, noirs, rouges pour écrire sur deux tableaux de plastique blanc, c'est le seul matériel à disposition. « Bonjour, je suis Marie et vous ? » Toujours la même chanson. Apprentissage du verbe *être* pour les nouveaux, révision pour les autres. Puis, augmentation de la mise à destination des plus anciens.

— Attention, écoutez bien : Je suis Marie. Je *m'appelle* Marie. On peut dire les deux. Je m'appelle, c'est comme je ME lave, je ME douche. Je lave moi, je douche moi, Marie.

Je sors un savon de mon sac, je fais le bruit de l'eau avec ma bouche, je me frotte énergiquement. Vous m'observez patiemment.

— Attendez, ce n'est pas fini : *s'appeler* O.K. ? Je m'appelle, vous vous appelez. Maintenant : *appeler*. Regardez, *look*, j'appelle Suleyman. « Hou, hou, hou Suleyman ! » J'appelle Sharokan : « Hé Sharokan. *Do you hear me ?* » J'appelle Abdullah : « Aaabdououlllaaaa… ! »

J'ai mis mes mains en porte-voix. Et vous souriez Suleyman comme Sharokan. Mais, vous, Abdullah, à vous entendre interpellé par cette femme ébouriffée et un brin exaltée, vous rougissez, car bien sûr qu'on peut rougir même quand on a la peau noire. Tous les trois vous êtes à peine plus âgés que mon fils. J'ignore à peu près tout de vous. Vous êtes comme tous ceux qui viennent dans mes cours, vous ne parlez jamais de votre passé, du moins spontanément. Pour le moment, je ne connais que votre âge et votre nationalité.

Suleyman, vous venez du Soudan. Vous ne le savez pas mais je vous ai surnommé « Le Musicien » parce que, lorsque je vous aperçois dans les couloirs du vieux lycée, vous portez toujours un casque sur les oreilles, on dirait que vous marchez en surfant sur les notes. Les traits de votre visage empruntent à l'adulte que vous deviendrez et à l'enfant que vous étiez. Pour l'instant, impossible de dire lequel des deux l'emporte. En classe, cependant, vous enlevez toujours vos écouteurs et vous vous servez de votre Smartphone pour photographier les mots écrits au tableau.

Sharokan, vous venez d'Afghanistan. Je ne vous ai pas encore trouvé de surnom. Tout ce que je sais c'est que votre visage, à vous, pourrait être celui de n'importe quel lycéen plutôt bien fait de sa personne même si vous flottez dans vos vêtements parce que, quinze jours plus tôt, vous viviez encore dans un campement sauvage de la porte de la Chapelle, dans le froid et la crasse. L'accumulation de nuits sans sommeil vous fait bâiller à intervalles réguliers. « *Sorry, professor* », dites-vous à chaque fois tout en recopiant sur votre petit cahier des listes de vocabulaire. Quant à vous, Abdullah, je n'ai pas bien compris d'où vous veniez. Vous parlez si peu et si bas. Vous murmurez votre prénom en début de cours, au moment des « présentations », puis vous vous taisez jusqu'à la fin. Seule la peur semble vous tenir compagnie. Je la vois, elle passe au fond de vos pupilles et vous empêche de lever la tête. Vous avez, vous aussi, encore un visage enfantin, rond et sage. Et tandis que je m'agite pour mimer des verbes et des mots, vous posez sur moi un regard à la fois extrêmement concentré et profondément triste. Dans mon répertoire mental, vous serez « Abdou le Doux ».

Chapitre 4

B et A BA

A, E, I, O, U… U, O, I, E A.

A, È, OU, I… I, OU, É, A.

Ça sent la chorale et les exercices de vocalises. On s'en fiche. Personne ne nous regarde. Ni moi en version Castafiore, ni vous qui ânonnez, dociles et appliqués. Nous sommes tous, Perses ou Africains, musulmans ou chrétiens, Blancs ou Noirs, unis dans le culte du bon vieil abécédaire latin.

Le français est semé de pièges.

A + U = O,

E + U = E, enfin souvent, pas toujours.

Et puis le son ON, le son IN, le son AN, le son UN.

ON-IN-AN-UN.

Ici les lèvres arrondies, là étirées ou en pointe. Allez, tous ensemble, de plus en plus vite, avec sérieux, avec ferveur. Incantations à la langue. Et maintenant :

UI, IÉ, YEU, OUILLE.

Regardez le tableau, je vous mets tout en colonnes. Ici le O, et en dessous toutes les lettres auxquelles on peut le combiner pour produire d'autres sons. Et là, pareil pour le A, le E… En colonnes, toujours, regardez. Ce n'est pas sorcier… Sauf quand vous n'avez jamais appris à lire, même dans votre langue d'origine…

Les responsables du centre d'hébergement m'avaient prévenue : ici, il n'y a pas de classes de niveau, c'est un luxe que nous ne pouvons nous permettre. Trop de va-et-vient, trop de précarité, trop d'urgence. Pas assez de temps pour évaluer, répartir, affiner. Il faut prendre ceux qui viennent quand ils viennent, tels qu'ils viennent. Mélanger les diplômés de l'université et les illettrés, les citadins et les paysans, les commerçants, les informaticiens, les intellectuels et les travailleurs manuels. Certains n'ont jamais tenu un crayon. J'ai appris à les reconnaître. Ils arrivent toujours sans le cahier et le stylo mis à leur disposition par le centre. C'est leur manière de me dire qu'ils ne savent ni lire ni écrire. De le faire comprendre aussi à ceux qui savent et qui sont assis à côté d'eux. Ils l'expriment en silence, juste avec leurs mains vides. Ils ont l'air si perdus et si désireux d'apprendre aussi. Chez eux, peut-être les lettrés les auraient-ils regardés de haut. Mais ici, tout le monde repart plus ou moins de zéro. Alors, ils saisissent leur chance. À la deuxième ou troisième leçon, ils finissent par apporter papier et stylo. Sur leur cahier, ils tracent les signes, parfois si malhabiles que j'en ai la gorge serrée. Mais à l'oral, ils se rattrapent. En même temps que tous les autres, ils font rouler dans leur bouche les voyelles et les consonnes. Ils chantent la musique des syllabes.

B et A… BA, ose Abdullah. Et c'est comme s'il disait : je suis là, j'ai toujours un peu peur mais j'existe. Aujourd'hui, quand il s'est présenté au début de la leçon, il a parlé plus fort et après avoir dit d'où il venait – « Soudan » –, il a ajouté : « Darfour ». Je n'ai pas relevé. Est-ce que j'aurais dû ? Le mot a voltigé dans ma tête mais je ne lui ai rien demandé.

— Oui, Abdullah, B et A, BA…

— Bateau.

— Exactement, Abdullah.

Exactement. C'est tout ce que je trouve à dire. Très bien, bravo. Un bateau. Tout juste si je ne récite pas à Abdou le Doux notre gentille comptine *Maman, les p'tits bateaux*. Et pour tous ceux qui ne voient pas ce que cela peut signifier, je dessine la chose. Ça ressemble à un voilier, un ridicule voilier miniature du jardin du Luxembourg. En fait, je crois que je le fais exprès. D'ailleurs, ils comprennent très bien même si l'embarcation qu'ils ont prise pour venir jusqu'ici n'était pas un navire de plaisance. Je le fais exprès parce que je ne veux pas leur renvoyer sans cesse à la figure ce que, j'imagine, ils veulent oublier. Les canots pneumatiques surchargés de migrants et le linceul liquide de la Méditerranée. Le Darfour et son génocide. Oublier au moins l'espace de quelques heures. Ils ne sont pas là pour me raconter leur vie. Ils sont là pour apprendre. Alors je poursuis :

— C et A : KA…

— Carte, lance Salomon. Il assiste au cours pour la troisième fois de suite. Je l'ai vite remarqué parce qu'il ressemble au « Grand Duduche » de Cabu, en version érythréenne. Fin comme une tige, la tête auréolée d'une tignasse en bataille, il a toujours un air un peu perché mais aussi très réfléchi. Dès le deuxième cours, j'ai eu envie de l'appeler « le Roseau pensant ». Il parle bien l'anglais et pas du tout le français mais assimile les mots à une vitesse impressionnante. Il doit bûcher entre chaque leçon, ou alors il est hypermnésique. « Carte, carte de France, carte du métro », continue-t-il.

— D et A. DA…

— DA. Date de naissance.

Cette fois, c'est Sharokan qui dégaine. Il s'est bien remplumé depuis qu'il ne dort plus sous les ponts. Et lui aussi apprend vite. Entre deux portes, il m'a confié qu'à Kandahar, il était « traducteur ». Traducteur de quoi et pour qui ? Je n'ai pas eu le temps de creuser. Mais comme il est parfaitement anglophone et qu'il accepte d'être mon interprète auprès des autres Afghans qui ne parlent rien d'autre que la langue de leur pays, j'ai fini par le surnommer : Sharokan le Polyglotte. Souvent, il rivalise avec le Roseau pensant et je leur dis : « Mais vous avez mangé le dictionnaire ou quoi ? » Au jeu des lettres, aujourd'hui encore, ils sont les plus forts. Mais ils les prononcent toutes selon la phonétique anglaise, ce qui n'arrange pas mes affaires. La plupart des résidents de Jean Quarré entendent pour la première fois l'alphabet latin. Récité par moi, cela donne : a, bé, cé, dé. Avec Sharokan, Salomon ou les quelques-uns qui connaissent notre syllabaire en version anglo-saxonne, c'est : eye, bi, ci, di. Tous les autres, c'est-à-dire la moitié de la classe, n'y comprennent plus rien. Moi-même, je perds pied dans cette mini-bibliothèque de Babel. Beaucoup n'ont appris aucune lettre dans aucune langue, la plupart lisent et écrivent des caractères qui, pour moi, sont aussi impénétrables que des hiéroglyphes.

Les Soudanais, par exemple, parlent l'arabe mais aussi les idiomes de leurs provinces, le beria, le zaghawa, le masalit, le kouya, le four, le dazaga… (alphabet principal cependant : arabe). Les Afghans ? Quand ils sont originaires du sud du pays, ils s'expriment généralement en pachto (alphabet : arabe modifié). Mais, s'ils viennent de l'ouest ou de l'est de l'Afghanistan, ils n'entendent le plus souvent rien à ce parler apparenté à la famille des langues indo-iraniennes. Ils ne comprennent et n'écrivent que le farsi oriental, une variété de persan aussi appelé le dari (alphabet : perso-arabe). Quant aux Hazaras, minorité chiite du centre, ils en tiennent pour un autre dialecte le hazâragi, teinté de turc et de mongol. Les Érythréens eux ont le tigrigna et un alphabet tout à fait particulier qui descend du guèze. « *One of the oldest alphabets in the world* », dit Salomon qui est en train de tracer son nom au tableau. On dirait de la dentelle. Le guèze, ou éthiopien ancien, est une langue sémitique morte depuis le XIIe siècle mais toujours en vigueur dans la liturgie de l'église orthodoxe érythréenne. Il est au tigrigna ce que le latin est au français.

Salomon, Abdullah, Sharokan. Leurs langues remontent aussi loin, sinon plus, que la mienne. Souvent, elles l'ont ensemencée. Du gaulois, il ne reste plus à nous les Français qu'une poignée de mots alors que nous en avons emprunté des quantités à l'arabe. Bougie, fanfaron, abricot, hasard, café, magasin, sucre, nénuphar, orange, récif, zéro, jupe… Je le leur dis parfois, comme si cela pouvait les rassurer.

Avant de s'exiler, le plus grand nombre d'entre eux n'a jamais lu ou entendu un mot de français. Ils abordent un continent linguistique totalement inconnu. Nulle part, leurs oreilles n'ont eu l'occasion de s'accoutumer à la langue que je leur sers cours après cours. Chez eux, ni la radio ni la télévision ne faisaient entendre cette musique. Se procurer un dictionnaire, s'entraîner avec un manuel, des cassettes audio, un ordinateur ? Quand ils ont décidé de partir, ils n'ont eu à l'esprit que l'argent pour les passeurs et les risques qu'ils encouraient. La plupart du temps, ils ne savaient même pas quelle serait leur destination finale en Europe. Beaucoup voulaient l'Allemagne ou l'Angleterre. Tous voulaient l'ailleurs.

Je m'imagine débarquant à leur âge à Kaboul ou à Addis-Abeba, sans être préparée à rien, ni au perse, ni au tigrigna, avec pour seul bagage une langue natale totalement inutile parce que impénétrable pour les autochtones. Est-ce que je peux ressentir ce qu'ils ressentent ? Être privé de mots et aussi de sens, le réel disparaissant comme derrière une vitre opaque, sa propre identité se liquéfiant peu à peu. La langue n'est pas juste un moyen de communiquer. Elle nous protège, elle nous solidifie de l'intérieur. Si on vous l'enlève, vous n'êtes pas seulement muets, vous êtes séparés de vous-mêmes.

Quand je les regarde partir dans la rue pour acheter des cigarettes ou simplement se dégourdir les jambes, je pense à *Épépé*, ce roman de Ferenc Karinthy qui m'avait tant oppressée lorsque je l'ai lu mais que j'avais avalé d'un trait et presque sans respirer. Son héros, un linguiste distingué, se retrouve propulsé dans une contrée où les habitants s'expriment dans une langue sans aucun rapport avec toutes celles qu'il a étudiées jusque-là. Il a beau essayer de la déchiffrer, elle demeure hermétique tant elle diffère des connaissances qu'il a acquises et de ses automatismes de pensée. Tout lui est incompréhensible. Des panneaux indicateurs aux enseignes des magasins en passant par les ordres que lui hurlent les policiers ou les réponses que lui font les employés des administrations. Chaque déplacement dans la ville, chaque conversation le renvoit à sa solitude, d'autant plus insoutenable qu'autour de lui la vie continue. Les avenues grouillent de passants, le métro est bondé, des foules se pressent dans les fêtes foraines. Les êtres qui l'entourent sont faits, comme lui, de chair et de sang, ils vaquent à des occupations familières, les mêmes que celles qu'il faisait avant mais il ne peut parler à aucun d'entre eux. Il croyait être seulement un étranger dans un pays dont il n'est pas le citoyen. Il est devenu étranger à lui-même et au monde tout entier…

Salomon et les autres sont les héros anonymes de la même histoire. Et lorsque je les fais trimer sur l'alphabet, me revient aussi cette confidence d'un haut fonctionnaire de l'office français de l'Immigration et de l'Intégration, que j'avais croisé dans un dîner. Il avait la mine soucieuse et disait : « Il n'y a pas si longtemps la plupart de “nos” migrants venaient de pays plus ou moins francophones, du Maghreb ou de l'Afrique de l'Ouest. Aujourd'hui, ils arrivent d'Afghanistan, d'Érythrée, du Soudan ou d'Éthiopie où le français est une langue d'extraterrestre. Mais nous continuons à faire comme si rien n'avait changé. »

Chapitre 5

Cadavres exquis

— Pourrez-vous m'envoyer un nouveau carnet de chèques ?

— Vous recevrez probablement votre colis demain.

— Vous voudrez bien livrer ces fleurs à Mme Dupont ?

— À quelle heure m'apporterez-vous ce plateau de fruits de mer ?

Soulignez les verbes et dites à quel temps ils sont utilisés.

Au début, puisque je n'avais jamais donné de cours de français de ma vie, il a bien fallu que je m'initie. Je me suis assise dans une classe, au milieu de réfugiés qui, quelques mois plus tôt, vivaient encore à Kandahar ou à Khartoum. Et j'ai regardé.

À la fin de la leçon, j'ai demandé au professeur : « Euh, le carnet de chèques ? La livraison de fleurs ? Le plateau de fruits de mer ? Vous pensez que c'est utile ? Ils ne savent pas encore dire *poisson*. » Le prof, bénévole comme moi, utilisait des manuels d'alphabétisation estampillés par différents organismes. Je les ai trouvés si peu pratiques que je ne m'en suis jamais servie. J'ai bricolé ma méthode. Et la vérité m'oblige à dire que je n'ai suivi aucune formation préalable et encore moins intensive. Jetée dans l'eau du bain, inconsciente et naïve, avec pour seule bouée mon envie d'« aider ». Lorsque j'ai proposé mes services, le centre d'hébergement, géré par Emmaüs Solidarité, manquait de bras. Il fallait commencer tout de suite. Chaque jour de nouveaux résidents arrivaient, qui n'avaient même pas le minimum de mots pour dire comment ils s'appelaient.

Par la suite, l'équipe de professeurs improvisés s'est étoffée. Des anciens sont revenus, des nouveaux se sont ajoutés. Hélène, Béatrice, Marie (une deuxième), Sylvaine, Ronald, Jean-Baptiste, Camille, Malvina, mes filles quand je partais en vacances, ou leurs cousines, ou leurs petits amis. Mais, en moyenne, nous ne sommes jamais plus de six ou sept à nous partager la semaine, répartis entre les créneaux du matin et ceux du soir. Récemment, la jeune Hélène est partie à la chasse de manuels un peu plus adaptés, elle m'en a conseillé plusieurs. J'ai aussi trouvé des fiches pédagogiques partagées sur internet par une kyrielle d'associations[1] ou de particuliers qui pratiquent depuis longtemps ce que je suis en train de découvrir.

Il est étonnant de constater à quel point l'État se décharge de l'accueil des réfugiés sur le monde associatif. Emmaüs, mais aussi France Terre d'asile, Médecins sans frontières, le Secours catholique ou populaire, la Cimade, la Croix-Rouge, L'Auberge des Migrants, le Gisti, Utopia 56, la liste est trop longue pour la citer en entier. Des milliers de Français mobilisés pour la gestion des centres d'hébergement, l'aide aux démarches administratives, le conseil juridique, les soins médicaux, la distribution de nourriture, la recherche de logement ou de travail. Et les cours de langue. En la matière, le dispositif mis en place par les pouvoirs publics est

1. BAAM, Français langue d'accueil, THOT, Jesuit Refugee Service, École Pierre-Claver, Entraide protestante, Humans for Women, Migrens, Réseau chrétiens immigrés, Resome, InFLEchir… pour ne citer qu'elles.

plus que minimaliste. Trois fois moins d'heures d'enseignement qu'en Allemagne. Emmanuel Macron dit vouloir faire de l'apprentissage du français l'un des « axes majeurs » de sa nouvelle politique migratoire. Ah, les jolis mots. Et puis, il y avait aussi, c'était quoi déjà ? Ah oui : « Nous devons accueillir des réfugiés, c'est notre devoir et notre honneur. »

Au moment où je commence à donner mes cours à Jean-Quarré, l'OFII dispense à peine à chaque réfugié entre 50 et 200 heures de formation linguistique. Et encore faut-il, pour en bénéficier, avoir obtenu un titre de séjour. Pour tous les autres dont la demande d'asile est en cours d'examen, souvent depuis un an et demi ou plus, pour Abdullah, pour Sharokan, pour Suleyman, pour tous ceux qui viennent apprendre avec moi, rien n'est prévu. Sinon par les ONG ou les associations d'utilité publique, dont les salariés et les permanents sont eux-mêmes en nombre insuffisant. Alors, c'est à votre bon cœur Messieurs Dames. À votre humanisme. À vos convictions politiques. À votre culpabilité. À votre envie d'occuper vos soirées. À ce que vous voulez… Vieux militants des comités de sans-papiers, « *no-border* » partisans de l'abolition des frontières, citoyens solidaires, voisins compatissants, retraités, étudiants, célibataires esseulés, gens « ordinaires » qui n'en peuvent plus de voir des canots chavirer dans la Méditerranée, des policiers lacérer des tentes, confisquer des couvertures, des gendarmes traquer des hommes et des femmes gelés dans les Alpes. Quidams qui veulent simplement « aider », utopistes, idéologues, pragmatiques... Ils font souvent beaucoup plus que moi... Je suis un minuscule maillon dans l'entrecroisement des réseaux, des collectifs, des gestes, des actions. Chacun a son terrain de prédilection et ses raisons. Mon métier consiste à aligner des mots, j'ai choisi l'apprentissage du français.

Ma « méthode » n'est pas meilleure qu'une autre. « Il faut faire comme on sent, m'a dit, à mon arrivée, Tiphaine, la responsable du centre qui recrute les professeurs bénévoles. Le plus important, c'est le lien. » Certains, qui souvent ont une formation d'enseignants, préparent soigneusement leurs leçons, prévoient des étapes. Cette semaine, les verbes du premier groupe, le mois prochain, ceux du deuxième... Ils ont, me disent-ils, « un plan rigoureux qui nécessite une réelle assiduité ». L'autre jour, l'un d'eux se désolait parce qu'il ne constatait « aucune progression » chez ses élèves. Je lui ai expliqué que pour ma part j'avançais. Mais en rond. Rabâchage de données élémentaires (vocabulaire de survie, expressions de tous les jours, verbes indispensables) chaque fois assorties de nouveautés que je rabâche dans les cours suivants sans oublier les rabâchages précédents. Une ronde sans fin, une progression en boucle. Je serais bien incapable de prévoir une quelconque « verticalité » : aller d'acquis en acquis, comme on monte les marches d'un escalier. Souvent, alors que je me réjouis d'avoir abordé le passé composé avec le Doux ou le Polyglotte qui assistent à mes cours depuis plusieurs mois, déboule un petit groupe fraîchement débarqué de la porte de la Chapelle, *via* Vintimille ou Calais. Khalid, Filimon, Dilit, Amal, Olfat, Ajmal, Wali, Aboubakar, Karim, Ahmed, Saïd, Shoaib, Moussa, Farrokhzad (un Iranien, ils sont rares mais il y en a quelques-uns), Abdulhamid, Tesfay… Ils ont tout juste appris à dire bonjour en français. Il faut tout recommencer. Alors, je recommence en glissant pour les « anciens » des mots plus recherchés au milieu du lexique de base.

— *Argent* mais aussi portefeuille, portemonnaie.

— *Monnaie*, euros, dollars, dinars. Mais aussi petites pièces, je n'ai pas de monnaie, j'ai un billet.

— *Billet* : de 20 euros, de 50 euros. Mais aussi billet de train, d'avion. Attention, on dit ticket pour le métro

— *Métro* : bus, RER, banlieue, centre-ville, pollution, climat, chaleur, j'ai froid, rhume, il pleut, il fait beau, soleil, jardin, parc, campagne, village, habitants, j'habite, maison, chez moi, chez toi, Paris, Maire de Paris, c'est une femme, élue pour cinq ans, élections, voter, choisir, partir, exil…

Ce sont nos cadavres exquis.

Je n'ai aucun savoir pédagogique mais je me rassure en me disant que mes leçons sont des arbres. Un tronc commun et des dizaines de branches pour toutes mes digressions. Ils s'y accrochent aussi souvent qu'ils en tombent. Certains font l'école buissonnière pendant des semaines entières, sans explication. Quand j'en croise un dans les couloirs, je dis : « Ça va Mohamed – ou Hafez, ou Farid ? Tu ne viens plus ? » En général, on me répond : « Oui, ça va très bien. Et toi ? » Puis, les mêmes reviennent. Et entre-temps les branches ont poussé. Alors, je reprends le rabâchage, et je fais des plus assidus mes « assistants ». Ils écrivent au tableau à ma place, expliquent aux autres la signification de tel ou tel mot ou se livrent à des mini-exercices écrits pendant que je répète pour la énième fois : « Bonjour, je suis Marie. Et vous ? » Bref, on se débrouille.

Chapitre 6

La leçon d'Ibrahim

— Homme… Femme.

Je dessine deux têtes au tableau. L'une avec des moustaches, l'autre avec des cheveux relevés en chignon.

Je leur dis : « Homme ». Et je les montre du doigt les uns après les autres.

Je leur dis : « Femme ». Et je me désigne.

Je leur dis : « Homme ET Femme ». Et mon bras fait des moulinets. D'eux à moi, de moi à eux.

Je leur dis : « Garçon, Fille… »

— *Boy, Girl ?*

— Oui, c'est ça. UN garçon… Et UNE fille. Ça s'écrit avec deux L. Et on dit : *yeu*. Enfin, pas toujours. Mais là oui, deux L, ça fait « yeu ». Filleuuu.

— Petite fille…

— Exactement. Une petite fille, un petit garçon…

Nouveaux dessins pour ceux qui ne voient pas de quoi je parle : deux têtes minuscules à côté des deux premières. Je trace des flèches sur le tableau, je m'agite, je mime : « homme/femme » « garçon/fille ». Et puis, ma main descendant à soixante centimètres du sol, j'ajoute : « petit garçon/petite fille ». Je sais que je m'approche d'une zone sensible mais des mots doivent être appris. Alors, je les dis :

— Petite fille, petit garçon… Enfant.

J'appréhende toujours le moment où nous abordons le lexique familial. Ces hommes ont laissé leurs proches derrière eux. Combien en ont-ils perdus ? Le mois dernier pourtant, chacun s'est lancé dans l'ordre où il était placé autour des tables : « En Érythrée, j'ai deux frères et trois sœurs », « Mes parents habitent en Afghanistan. » C'était comme un cadeau que, l'un après l'autre, ils me faisaient. Une marque de confiance après des semaines de cours où, petit à petit, s'était tissé autre chose qu'une relation entre un « professeur » et des « élèves ». En tout cas, je l'ai pris ainsi. Puis est venu le tour d'Ibrahim, un trentenaire aux tempes dégarnies, le plus âgé de ceux qui étaient présents ce jour-là :

— J'ai une fille de deux ans et un garçon de trois ans. Ils sont au Soudan avec ma femme.

L'espace de quelques secondes, ses yeux ont brillé plus que d'habitude, jusqu'à devenir humides. Assis à côté de lui, Suleyman le Musicien a enchaîné par une pirouette qui a désamorcé le chagrin et déclenché des rires : « Moi, je suis célibataire ! » Il m'a donné l'occasion d'expliquer un nouveau mot, de m'engouffrer dans une série de rapprochements hasardeux pour dévier la conversation (« célibataire », « une seule personne », « il n'y a personne », « il y a quelqu'un », etc.).

À la fin du cours, lorsque je suis allée trouver Ibrahim, il m'a expliqué que son épouse et ses deux enfants vivaient dans le camp de Kalma, dans le sud du Darfour, région martyre du Soudan. Bien que parlant parfaitement l'anglais et pas trop mal le français, il ne m'a pas décrit cette ville de bâches, de tôles ondulées et de branchages, transformée en immense cloaque lors de la saison des pluies. Mais je me suis souvenue que Kalma était le plus grand camp du monde.

Au plus fort de la guerre civile, près de 300 000 Darfouris (sur un total de 3 millions de déplacés) s'y sont réfugiés parce qu'ils appartenaient aux mouvements rebelles, les soutenaient ou étaient soupçonnés de les soutenir. Ou parce que la guerre avait été l'occasion, pour les clans au pouvoir et leurs affidés, de les chasser de leurs terres et de s'en emparer. Je ne suis pas une spécialiste du Darfour. Cela étant dit, je n'en ai rencontré aucun qui ait pu m'expliquer simplement ce qui s'y était passé et ce qui s'y passe encore. « Ah, mais c'est beaucoup plus compliqué que ça », vous interrompent-ils toujours si vous essayez de résumer, de dégager des grandes lignes, de séparer le bon grain de l'ivraie. Ils ont raison. Mais, en attendant, le Soudan a été relégué dans la catégorie « guerres interminables et incompréhensibles », dans la catégorie « fléaux et plaies d'Afrique », dans la catégorie « tribus qui s'entre-tuent », dans la catégorie « qu'est-ce que vous voulez qu'on y fasse ? ».

À Jean-Quarré, il y a beaucoup de Soudanais. Je n'ai pas de statistiques, mais il en arrive chaque semaine. Ils ont les traits tirés, parfois des marques de blessure. Ils semblent toujours s'être réveillés d'un cauchemar ou au bord d'y replonger. Ils sont d'une extrême douceur. Je sais la perversité de ces généralités.

Mais je n'y peux rien. Abdullah, je l'ai dit, est doux. Tout autant que Mahmoud, un grand type dégingandé qui, hormis sa taille, est un sosie presque parfait de Charlie Chaplin. Mes premiers échanges avec lui se sont limités à « bonjour au revoir ». Mahmoud n'a jamais été scolarisé, ne sait lire aucune lettre, ne parle aucune langue étrangère. Cependant j'ai su par Ibrahim qu'en Libye des trafiquants lui avaient fait subir les pires sévices avant de le vendre à un entrepreneur en bâtiment. Autant de choses qui dissuaderaient la plupart d'entre nous de continuer à croire en l'humanité. Mahmoud, pourtant, accorde sa confiance à qui lui tend la main, comme s'il ne doutait pas une seconde de l'aide que vous alliez lui apporter. Lorsque vous lui parlez, il concentre toute son attention sur vos lèvres pour reproduire les sons qui sortent de votre bouche. Sourcils en arabesques, mimiques et petits gestes qu'il exagère jusqu'à la bouffonnerie quand une phrase reste coincée entre ses dents. Il guette les sourires, ne semble jamais plus heureux qu'après les avoir fait éclore par l'une de ses pitreries. Chaplin ne disait-il pas lui-même : « Soit nous rions, soit nous devenons fous » ? Oui, ces hommes sont des doux pour ne pas devenir des fous. Même Abdelaziz que tous les autres appellent « Colère » parce qu'il a toujours l'air fâché alors qu'il ne l'est pas réellement. Les Soudanais de Jean-Quarré ne portent en eux aucun écho de la violence qui fait rage dans leurs pays. Et moi, je suis bien obligée d'essayer de comprendre pourquoi ils en sont partis.

Leurs guerres sont anciennes, pour la plupart oubliées, par moi en tout cas, et j'ai dû me rafraîchir la mémoire. La plus grande a commencé en 2003 lorsqu'une partie de la population du Darfour, une province à l'ouest du pays, est entrée en rébellion parce qu'elle était marginalisée et délaissée. Cette guerre est généralement présentée comme opposant les populations « arabisées » du Soudan, qui tiennent les rênes du pouvoir, et les populations « non arabes » également musulmanes mais aussi chrétiennes ou animistes. Certains spécialistes soulignent que l'affrontement n'est pas aussi binaire, que des « Arabes » et des « non Arabes » peuvent s'allier, que dans chaque camp des « tribus » s'entre-déchirent. D'autres minorent la dimension ethnique du conflit et préfèrent mettre l'accent sur sa dimension sociale et économique, les ressources pétrolières du Darfour attirant toutes les convoitises. Quoi qu'il en soit dès le début du soulèvement au Darfour, le président Omar el-Béchir a maté la révolte en envoyant, en appui des troupes régulières, des miliciens sanguinaires se revendiquant comme arabes, les fameux Jenjawids. Je dis « fameux » parce que, au temps où le Darfour faisait encore quelques gros titres à la rubrique « Étranger », on pouvait voir, dans les reportages photo des magazines ou à la télévision, ces bataillons d'hommes enturbannés et armés jusqu'aux dents galopant à dos de chameau ou de cheval ou se tenant debout à l'arrière d'une jeep. Ils tuaient, violaient, brûlaient des villages entiers puis pillaient, s'installaient à la place des morts ou de ceux qui avaient eu le temps de fuir. Butin de guerre offert par le gouvernement. On les appelait les « cavaliers du diable ». Aujourd'hui, s'ils ont disparu de nos écrans, ils sont toujours au Soudan, très officiellement intégrés dans l'armée et plus que jamais au service du régime d'Omar el-Béchir, général putschiste au pouvoir depuis 1989 et seul chef d'État en exercice recherché par la justice internationale pour génocide, crimes contre l'humanité, crimes de guerre. Pourtant, et bien que, pendant quinze ans, il ait laissé se perpétrer dans son pays des tueries de masse (entre 300 000 et 500 000 morts), l'Europe comme les États-Unis ont récemment « normalisé » leurs relations avec lui au nom de la lutte contre le terrorisme et aussi de la politique de « régulation des flux démographiques ». Moyennant quelques subsides, il lui a été demandé d'ordonner à sa police, à son armée et aux Jenjawids promus au sein d'une « force d'intervention rapide » de verrouiller tous les points de passage des routes migratoires. En gros, les Jenjawids sont nos garde-frontières tout en continuant à semer la terreur. Viols, meurtres, expéditions punitives dans les milieux de l'opposition. Mais aussi racket ou enlèvement de membres d'ONG dans les camps de déplacés du Darfour, el-Béchir ayant décidé de bloquer l'aide humanitaire aux réfugiés darfouris puisque, prétend-il très sérieusement, « la guerre est finie ».

Tout cela, je ne le tiens pas de la première conversation que j'ai eue avec Ibrahim, après avoir vu des larmes dans ses yeux au beau milieu d'un exercice sur la désignation des liens de parenté. Cette fois-là, Ibrahim n'a pas décrit l'horreur. D'une voix posée, et sur un ton étonnamment calme, presque plat, il m'a seulement dit que sa femme et ses enfants étaient restés dans le camp de Kalma. Et que si lui en était parti, c'était parce que après avoir pu, pendant près de trois ans, y exercer son métier de logisticien pour une ONG, il en avait été expulsé avec d'autres humanitaires, et aussi parce que les articles qu'il avait écrits dans plusieurs journaux, pour dénoncer cet état de fait, lui avaient valu six mois de prison et de mauvais traitements qui s'apparentaient à de la torture, suivis, dès sa sortie, de menaces et d'une surveillance incessante. Il avait dû se résoudre à quitter les siens. Il ne m'a pas raconté dans quelles conditions (j'ai appris plus tard que sur les deux cents hommes et femmes qui avaient pris la mer avec lui depuis la Libye, cent vingt s'étaient noyés). Et s'il m'a montré les photos de sa femme et de ses enfants – qu'il avait eus quelques heures plus tôt au téléphone –, il ne m'a pas confié son angoisse de les savoir toujours là-bas, à Kalma.

Ce jour-là, encore une fois, j'ai été frappée par la sobriété avec laquelle lui et tous ceux qui passent dans mes cours évoquent les épreuves qu'ils ont traversées. Ils disent seulement : « Je suis né dans tel village », « je viens de telle région ». Le soir, je vais sur Internet et je vois que les endroits dont ils m'ont parlé ont été rayés de la carte ou attaqués aux armes chimiques.

Souvent, j'ai demandé à Ibrahim des nouvelles de sa famille. « Ils vont bien », me répondait-il à chaque fois. Il n'avait pas l'air soucieux, je veux dire pas plus soucieux que d'habitude. Une ombre flotte en permanence sur son front, comme sur celui de beaucoup de résidents de Jean-Quarré, Soudanais ou pas, surtout dans les premiers temps de leur séjour. Cette gravité n'empêche pas les sourires ou les plaisanteries mais elle ne quitte jamais leurs visages d'insomniaques. Quand ils arrivent au centre d'hébergement, ils ont des gestes lents, comme si une partie d'eux-mêmes restait toujours endormie, la même, j'imagine, que celle qui, la nuit, leur refuse le sommeil. Sans doute ne dorment-ils que d'un œil parce que, après tout ce qu'ils ont enduré, ils ne savent plus s'abandonner. Et peut-être ne s'éveillent-ils qu'à moitié parce que la réalité n'est pas beaucoup plus facile à supporter que leurs mauvais rêves. Oui, c'est comme ça qu'ils tiennent, je pense. Toutes ces dernières semaines, Ibrahim n'était pas différent des autres. Il semblait même plus en forme que beaucoup d'entre eux. Il n'a manqué aucun cours. Il m'a posé des questions sur l'usage des « *pronouns* » ou les règles de l'« *additional subject* » auxquelles j'étais souvent bien en peine de répondre. Et il aidait si volontiers ceux qui sont moins bons que lui en français, que je l'avais surnommé Ibrahim le Sage. La seule fois où il m'a demandé la permission de sortir de la salle, c'était pour répondre à un appel, sur son portable, de son épouse et de ses enfants. Puis il est revenu s'asseoir toujours aussi studieux, toujours aussi calme.

Aussi, quelque temps plus tard, lorsque je dessine des visages de femmes et d'hommes au tableau et qu'à nouveau surgissent au milieu de la leçon des mots du lexique familial, je ne me méfie pas :

— Petite fille, petit garçon… Enfant… EN-FANT. En français, EN et AN donnent le même son.

— Enfant ? demande un jeune Kabouli. C'est la première fois qu'il vient. Il ne parle pas anglais. Il est le seul Afghan présent ce jour-là et personne ne peut traduire pour lui en dari. Restent le langage des signes et les croquis.

— Moi, Marie : maman (j'esquisse une silhouette à talons hauts sur le tableau). Moi : trois enfants (je dessine un trio de bambins dans les jupes de la mère). Ibrahim : papa (j'ajoute un bonhomme à moustache et chapeau à côté de la forme féminine). Lui : deux enfants…

— Non, je n'ai pas d'enfants, me coupe Ibrahim.

— Mais, je croyais qu'avec votre femme...

— Je n'ai pas de femme.

Je vois à nouveau des larmes au bord de ses paupières mais cette fois Suleyman le Musicien n'est pas là pour faire diversion. Lorsque la salle se vide, Ibrahim s'avance vers le tableau : « Je n'ai pas de femme, je n'ai pas d'enfants, me dit-il de nouveau. Ils ont été tués par les Jenjawids. » Ils sont morts depuis longtemps, c'est la première idée qui me vient à l'esprit. Et pour ne pas sombrer, Ibrahim s'est laissé croire et a fait croire aux autres qu'ils étaient toujours en vie. Comment expliquer sinon son comportement, son humeur toujours égale ? Soudain, je l'entends ajouter : « Ils sont morts il y a un mois. »

C'est ce jour-là, en rentrant chez moi, que j'ai commencé à écrire l'histoire d'Ibrahim et de tous ceux qui me donnent autant de leçons que je leur en donne. Ce soir de septembre, toute ma famille s'était réunie pour fêter mon anniversaire. Après avoir soufflé les bougies et avant de m'endormir, j'ai jeté ces mots sur un carnet :

« *Ibrahim, soudanais, trente-deux ans. Premier inscrit à mon cours. L'un de mes meilleurs "élèves" – ne pas les appeler comme ça. Vient de m'annoncer l'assassinat de sa femme et de ses deux enfants. Par les « Jenjawids » – vérifier l'orthographe et se renseigner sur eux. L'assassinat remonte à un mois. Pendant trente jours, je n'ai rien vu. Pendant trente jours, Ibrahim n'en a parlé à personne. Est venu à tous les cours. A continué à écouter mes explications sur la notion de futur proche : Demain, je vais aller à la préfecture. Après-demain, je vais téléphoner à ma femme… A continué à réciter les vingt verbes les plus importants de la langue française : Être, avoir, faire, pouvoir… A continué à apprendre la manière dont on accorde tel adjectif au féminin. Bon/Bonne. Gentil/gentille. N'a pas bronché quand je lui ai dit : "Mais triste, c'est pareil pour les hommes et pour les femmes." Raconter ce deuil silencieux. Raconter Ibrahim et aussi Sharokan, Abdullah, Suleyman, Salomon, etc. Raconter leur courage/dignité – et pas seulement leur souffrance/misère… »*

Chapitre 7

Les mots

En 1943, Hannah Arendt définissait ainsi la condition de réfugiés : « Nous avons perdu notre foyer, c'est-à-dire la familiarité de notre vie quotidienne. Nous avons perdu notre profession, c'est-à-dire l'assurance d'être de quelque utilité en ce monde. Nous avons perdu notre langue maternelle [c'est moi qui souligne], c'est-à-dire nos réactions naturelles, la simplicité des gestes, l'expression spontanée de nos sentiments. »

Lorsqu'il m'annonce la mort des siens, Ibrahim ne dit pas : « Je n'ai *plus* de femme, je n'ai *plus* d'enfants. » Il dit : « Je n'ai *pas*... » Pourtant, il a participé à tous les cours où la différence entre PAS et PLUS a été expliquée à l'aide d'exemples le plus anodins possible : « Je n'ai *pas* de vélo, cela veut dire que je n'en ai jamais eu. Je n'ai *plus* de vélo, cela signifie qu'avant j'en avais un et que je l'ai vendu. » Il y a tant de choses qu'aujourd'hui Ibrahim et ses compagnons n'ont plus et qu'autrefois ils avaient. Une maison où retrouver ses parents, un travail parfois, un pays et une langue toujours… « Je ne fume *pas*, je ne fume *plus*. Je ne porte *pas* de lunettes, je ne porte *plus* de lunettes… » Cette nuance, je suis sûre qu'Ibrahim l'a comprise mais la phrase qui monte à ses lèvres pour dire le massacre, c'est : « Je n'ai *pas* de femme, je n'ai *pas* d'enfants. » Ce « pas » tient la perte et la douleur à distance.

Ai-je blessé Ibrahim en le désignant comme père alors qu'il ne l'était plus ? Ou ma maladresse l'a-t-elle soulagé, comme on perce un abcès ? Pour le moment, Ibrahim dépossédé de sa « langue maternelle » et donc de « l'expression spontanée de ses sentiments » n'a pas les mots pour me répondre, si tant est qu'il existe des mots pour dire comment on vit après le meurtre de ses enfants et de son épouse, ou comment on se sent quand on ne sait pas si on reverra la mère, le père, les frères et les sœurs qu'on a laissés derrière soi. Les résidents de Jean-Quarré ne désirent peut-être que le silence. Pourtant, ils se soumettent à un apprentissage. Aux « signifiés » que je leur inflige et qui pour moi, bien sûr, ne recouvrent pas les mêmes « signifiants ». Enfants, bateau, marcher, triste : mes enfants sont ma joie, mon bonheur, ma fierté. Je n'aime pas le bateau simplement parce que j'ai le mal de mer. Quand je marche, c'est pour mon plaisir. Je suis triste parce que j'ai perdu mon père trop tôt mais je n'ai jamais vu personne mourir sous mes yeux. Enfants, bateau, marcher, triste. Des morphèmes et des phonèmes qui forment des lemmes, autrement dit des mots qui pour moi sont sans danger ou presque et qui pour eux creusent des plaies. Parler n'est jamais innocent.

Apprendre à parler une nouvelle langue pour se construire une nouvelle vie encore moins. Cela suppose, disait encore Hannah Arendt, « une certaine force et une bonne dose d'optimisme » et « cet optimisme est vraiment quelque chose d'admirable ».

Je sais, il ne faut pas mélanger les époques, les situations, les raisons qui président aux massacres, les natures du Mal et leurs conséquences. Hannah Arendt et tous ceux qui fuyaient les nazis étaient promis à élimination par le simple fait d'être juifs. « Nous n'aimons pas que l'on nous traite de "réfugiés", expliquait aussi la philosophe allemande, parce que jusqu'à présent [1943 donc], ce terme évoquait l'idée d'un individu contraint à chercher refuge en raison d'un acte ou d'une opinion politique. Or, s'il est vrai que nous avons dû chercher refuge, nous n'avons cependant commis aucun acte répréhensible (...) Nous nous baptisons "nouveaux arrivants" ou "immigrés". »

Soixante-dix ans plus tard, lorsque la Méditerranée est devenue un cimetière pour des milliers d'hommes et de femmes cherchant à rejoindre l'Europe (près de 3 000 morts pour la seule année 2017), un débat sémantique a fait rage. Devait-on appeler les rescapés des « migrants », des « exilés », des « immigrés », des « réfugiés », des « sans-papiers », des « clandestins », des « demandeurs d'asile » ? Les mots, toujours. Et aussi ce qu'ils recèlent d'insinuations, de compassion ou de catégorisation. L'expression *réfugié* a semblé longtemps la plus bienveillante. Puis, on s'est rendu compte qu'elle hérissait des barrières au nom de la Convention de Genève et du droit international.

Les bons migrants d'un côté, répondant aux critères de la convention de Genève et en droit d'obtenir un refuge parce que leur « race, origine, religion, opinion, orientation sexuelle » leur valent persécutions là où ils sont nés ou parce que leur pays subit une « violence généralisée ». De l'autre côté, les migrants dits « économiques », dont les motivations ne seraient qu'utilitaires et donc moins légitimes. Leurs pays ne sont pas « vraiment en guerre », ce sont « seulement » des dictatures, des régimes autoritaires, des contrées lointaines et pauvres. La Libye a été leur miroir aux alouettes, ils y ont été mis en esclavage, maintenant qu'ils en sont sortis qu'ils rentrent chez eux.

J'ignore comment Ibrahim et les autres souhaitent être définis. « Je suis un migrant » ? « Je suis un réfugié » ? Je présume que là n'est pas leur principal souci. Ils ont pris la mer parce que leur vie était en danger et qu'ils n'avaient pas d'autre choix. Ou alors, ils ont « migré » pour gagner plus d'argent, pour manger à leur faim, pour être libres. Ou parce qu'ils rêvaient d'Europe comme certains de mes aïeux rêvaient d'Amérique.

Hannah Arendt toujours : « Nous voulions refaire nos vies, un point c'est tout (…) Au bout de quatre semaines en France ou de six semaines en Amérique, nous nous prétendions français ou américains (…) Et en ce qui concerne la langue nous n'[éprouvions] aucune difficulté : au bout d'un an seulement, les optimistes [étaient] convaincus qu'ils [maniaient] l'anglais aussi bien que leur langue maternelle et, au bout de deux ans, ils [juraient] leurs grands dieux qu'ils le [parlaient] mieux que toute autre langue – se souvenant à peine de l'allemand. »

Comparaison n'est pas raison mais l'élan vital qui donne aux exilés de Jean-Quarré l'énergie de tout recommencer n'est-il pas le même ? Dans le hall du lycée abandonné, il y a un arbre à vœux dépositaire des souhaits de chaque résident lors des fêtes de fin d'année. Sur des bouts de papier colorés accrochés aux branches, on peut lire :

« *I pray for a life with no worries* » (je prie pour une vie sans inquiétude).

« *My dream is to have a happy family and life* » (mon rêve est d'avoir une famille et une vie heureuses).

Sur les murs du centre d'hébergement, il y a aussi plusieurs affiches portant des inscriptions manuscrites, en anglais, en français, en arabe, en érythréen ou en persan. Celle-ci par exemple :

« J'ai souffert, j'ai appris, j'ai changé. »

Ou celle-là, ma préférée :

« Je suis passé par de nombreux obstacles.
Est-ce un péché de survivre ardemment ? »

C'est cette inscription qui, la première fois que je l'ai vue, m'a donné envie de relire *Nous autres réfugiés*. Ce graffiti faisait ressurgir dans ma mémoire un passage où il était question de vie et d'ardeur. Il figure à la page 9. Hannah Arendt se souvient du camp de Gurs (dans les Pyrénées-Atlantiques) où elle fut internée en mai 1940 avec d'autres « apatrides » : « Lorsque certains d'entre nous remarquèrent que, de toute façon, nous avions été expédiés là pour crever, l'humeur générale se mua soudain en un *ardent courage de vivre.* »

Chapitre 8

Tu as bu de l'eau, Oh, Oh, Oh.

On se met en rond. Le premier qui démarre dit : « un », son voisin « deux », le voisin du voisin « trois ». Et ainsi de suite jusqu'à « vingt ». À chaque tour, on va de plus en plus vite. Puis Guillaume (l'un des jeunes comédiens qui donne des cours de théâtre au centre d'hébergement) interrompt la sarabande avant de la recommencer mais sans respecter l'ordre du cercle. Par exemple, il dit « onze » en montrant du doigt non pas le participant qui est à sa droite ou à sa gauche mais un autre, au hasard. Aujourd'hui, c'est Suleyman le Musicien. Il répond « douze » en me désignant. À moi de prendre la balle – « Treize ». Je la renvoie à Abdou le Doux qui se fait tout petit dans son coin. « Quatorze. » Abdou pointe timidement « Mahmoud – Charlot » qui aspire une bouffée d'air en gonflant ses joues (l'une de ses grimaces favorites) et expulse un grand « Quinze ». En cours, il n'arrive jamais à dépasser le chiffre 6.

Ou alors on dessine les lettres avec les mains A, E, I, O, U. On tape du pied en rythme. On se trémousse tandis que Guillaume enchaîne sur des BA, BE, BI, BO, BU, puis improvise des mélopées de chaman déjanté que nous répétons en réprimant un fou rire :

— Tu as bu de l'eau, Oh Oh.

— Tu as dit bonjour Hou Hou.

— Tu as vu le lit Hi Hi.

— I, O, OU, I, O, A. Cacao.

— Je veux du cacao.

— Je veux des oiseaux…

« Je veux du cacao. Je veux des oiseaux. » Peut-on demander à ceux qui ont côtoyé la mort, et subi parfois des viols ou des tortures, de chanter ce genre de comptine ? Ils chantent pourtant. Parfois à pleine voix. Il y a de la joie pendant quelques instants. Les muscles se déverrouillent. Les corps se redressent.

Chapitre 9

Les certitudes d'Aldon

— Abdullah, s'il vous plaît, venez au milieu de la pièce... Venez à côté de moi...

— De toi ? Euh, de vous ?

— Oui, de VOUS. Enfin de moi...

Impression d'être une institutrice à l'ancienne avec ce préambule répété au début de chaque leçon : « En dehors du cours, je vous dis : TU et bien sûr, vous pouvez vous aussi me dire TU. Mais ici, on se dit VOUS. »

Envie de croire qu'avec la politesse en viatique vous essuierez moins de regards soupçonneux quand vous demanderez votre chemin à des inconnus, moins de soupirs agacés quand vous aurez du mal à vous faire comprendre à un guichet.

L'ennui avec le vouvoiement, ce sont les terminaisons.

Vous venez juste d'arriver. Vous peinez déjà avec le « tu » que vous utilisez le plus souvent avec les salariés d'Emmaüs et les travailleurs sociaux. Et avec moi, vous devez vous coltiner le « vous », apprendre à le reconnaître selon qu'il s'adresse à un ou plusieurs destinataires, mémoriser comment se terminent les verbes quand on les conjugue avec ce pronom. Mais vous êtes d'accord. « C'est le respect », dites-vous. On vous a trop souvent tutoyés.

Le tutoiement est plus facile et, en arabe, presque automatique, me font remarquer d'autres professeurs. Le principal est qu'ils se fassent comprendre, non ? Tu compliques ce qui l'est déjà suffisamment... Pourtant, en cours, je suis accrochée à mon « vous » comme un professeur de maintien à sa barre fixe. « En France, on vouvoie les gens qu'on ne connaît pas ! » Pourquoi est-ce que je me focalise sur ce genre de détails ? Suis-je devenue un instrument de l'hégémonie nationale et culturelle, un rouleau compresseur de la diversité façon Jules Ferry ? Ai-je perdu les pédales au point de me prendre pour une hussarde de la République ? Ma scolarité et mon éducation m'ont-elles intoxiquée jusqu'à croire que la politesse est le passeport du pauvre ? Naïve, va ! Soumise ! Qui après avoir été dressée veut « dresser » les autres ! Il faut entendre ce que je leur fais faire, ce que je leur apprends :

— Je parle, vous parlez. Je marche, vous…

— Marchez !

— Je prends, vous…

— Prendez !

— Non, vous prenez.

J'imagine la tête que ferait, s'il venait à passer par ma salle de cours, l'un de ces sociolinguistes dénonciateurs, souvent à juste titre, des inégalités et des maltraitances fondées sur les usages de la langue. Chasse aux accents étrangers ou régionaux, rejet de tournures syntaxiques jugées incorrectes, mépris du parler « banlieusard » ou « paysan ». Glottophobie, c'est le néologisme qui a été forgé pour nommer ce type de discriminations. Vue sous cet angle, peut-être que je ressemble à un « agent de la pensée dominante », ou pire à une émule de Nadine de Rothschild, cette fille d'ouvrier qui épousa un baron et qui depuis ne cesse d'enseigner, à travers des manuels et même une académie, « le savoir-vivre et les bonnes manières ». Aux résidents de Jean-Quarré, moi qui ne suis pas fille de bourgeois, moi qui viens du Pays basque – pas de la côte, de l'arrière-pays –, je martèle :

— Dans un magasin, c'est mieux de dire je *voudrais* que je *veux*... Je veux, c'est : je VEUX ce téléphone !!!

Là, le sociolinguiste me verrait foncer sur le portable de Salomon ou de Suleyman, sourcils froncés à en décoller le cuir chevelu, pieds agités dans des trépignements pathétiques. Puis, il m'entendrait roucouler d'une voix mielleuse, mains jointes en signe de prière : « Je voouuuudrais ce téléphone... Vous comprenez la différence ? »

Sharokan le Polyglotte résume souvent mon petit numéro d'un sobre « *I would like* ». Puis, il récite avec les autres : « Je voudrais un café. Je voudrais une baguette de pain. Je voudrais un rendez-vous avec le médecin, s'il vous plaît... »

Oui, je l'avoue. Il me semble que c'est mieux de vous apprendre dès le début les règles de l'étiquette à la française. Comme je les ai apprises en mon temps et transmises à mes enfants. Vous le comprenez bien, sachant qu'ici vous n'êtes pas toujours les bienvenus, et vous vous prêtez de bonne grâce à mes petits jeux. Vous acceptez que je vous en explique les règles dans un charabia d'anglais et de français, le tout accompagné de gestes, pantomimes, singeries et autres contorsions.

Pourtant le jour où je dis « Abdullah venez à côté de moi », Abdou le Doux ne bouge pas. Il hésite : « À côté de toi ? » Se reprend : « Euh, de vous ? » Mais il reste assis. Il n'est pas seulement empêtré dans son habituelle timidité, comme au cours de théâtre avec Guillaume, il est tétanisé. Il y a une sorte de panique dans ses yeux et de l'affolement dans les miens. « Souviens-toi de Ibrahim a deux enfants », me souffle une partie de mon cerveau. Si je m'en souviens !

J'appelle Aldon :

— Aldon s'il vous plaît, mettez-vous près du tableau.

— Oui, Madame professeur ! Il se moque, gentiment, mais il se moque.

Si Aldon est darfouri comme Abdullah, il loge à Jean-Quarré depuis moins longtemps que lui. Pourtant, il est aussi extraverti et à l'aise dans son corps qu'Abdou est introverti et recroquevillé sur lui-même. Dans son pays, Aldon jouait au foot. Et il jouait si bien qu'il a rejoint l'une des meilleures équipes du Soudan. Je le sais parce qu'un jour il m'a montré, sur sa page Facebook, des photos de lui posant avec un maillot aux couleurs de son club. Il était arrivé en retard en cours à cause d'un match disputé à La Courneuve par ceux de Jean-Quarré contre une autre équipe d'amateurs. Je ne connais pas grand-chose en foot mais je lui ai demandé ce qu'il pensait de Ronaldo, Pogba ou Benzema. Au moment du faramineux rachat de Neymar, nous avons répété ensemble : « 222 millions d'euros, 222 millions d'euros ! Deux... cent... vingt... deux... millions. » J'ai écrit le chiffre au tableau en toutes lettres. C'est ainsi qu'Aldon a été le premier, parmi tous ceux qui assistent à mes cours, à me confier des bribes de sa vie d'avant. Le premier à franchir la ligne des sempiternelles présentations. Nom, âge, lieu de naissance. Qui a fait sortir en premier l'autre du cadre ? Lui qui m'a amenée sur sa page Facebook ? Ou moi qui n'ai pas su résister à mes réflexes de curieuse – j'allais dire de « journaliste » mais c'est trop restrictif –, à cette manie de collectionner les histoires et de chercher ce qu'« il y a derrière » ? Quoi qu'il en soit, de fil en aiguille, Aldon m'a raconté comment le football l'avait amené jusqu'en France. Est-ce qu'il a travesti certains faits, passé d'autres sous silence, inventé un ou deux épisodes ? Je n'ai ni les moyens ni l'envie de le vérifier. Je ne suis pas un agent de l'Ofpra (l'Office français de protection des réfugiés et des apatrides).

Je suis une « écouteuse ». Mes oreilles ont toujours été grandes ouvertes. Et j'ai appris à les laisser se remplir des mots des autres, puis à retourner ces mots, dans tous les sens. La pratique d'« enquêtes » dans mon métier de journaliste ne m'a pas prémunie contre une forme de candeur. Je n'ai pas le goût du pire. Je ne vois pas le mal partout. Si je doute, c'est avant tout de moi. Mais je n'aime pas la fausseté, les masques avantageux, les mondanités, les illusions que l'on se sert à soi-même et aux autres, les propagandes, la mise en scène des existences. Je ne suis pas sûre de grand-chose, je n'ai jamais été sûre de grand-chose, mais à Jean-Quarré comme ailleurs, mon intuition me guide, une petite voix me parle. De certains résidents, je ne prends rien pour argent comptant. D'Aldon, et aussi d'Ibrahim, d'Abdou, de Suleyman, de Sharokan ou de Salomon, j'accepte tout. Y compris, s'ils existent, leurs arrangements avec la vérité. D'eux, j'entends la douleur, je comprends l'angoisse, je sens la fatigue et malgré tout le désir de vivre. Tout est là, dit la voix. Tout existe, même sous les masques. Je les crois.

Au Soudan, donc, une carrière de joueur professionnel s'ouvrait à Aldon. Il s'y voyait déjà comme n'importe quel gamin qui rêve d'être champion. Et plus encore parce qu'en tapant dans un ballon, il pensait aussi repousser très loin les malheurs de l'existence. Il avait cinq ans quand il a vu mourir son père. Un agriculteur. Une « tribu », c'est ainsi qu'il dit, rivale de la sienne, a attaqué le village et a tué tous les hommes. Après sa razzia, il ne restait plus rien. La maison, les terres, le bétail, les assaillants avaient tout pris. Aldon a rejoint, avec ses quatre frères et sa mère, des parents éloignés dans un autre village du Darfour. Là-bas, déjà, tout le monde louait ses talents de footballeur. Mais quand il a arrêté l'école à quinze ans, à personne il n'a osé confier son espoir secret : gagner sa vie en courant après un ballon. Il est monté à Khartoum, la capitale, en 2010, pour rejoindre un oncle commerçant et travailler avec lui. Des trêves venaient d'être signées entre le pouvoir central et les rebelles du Darfour. La période des grands massacres semblait révolue. Aldon découvrait l'immensité de la ville, au confluent du Nil bleu et du Nil blanc. Son oncle habitait près du stade. Aldon y a vu un signe et il s'est présenté au club de foot. Il s'est entraîné avec les débutants. Il n'était ni titulaire ni remplaçant. Mais il pouvait le devenir. C'était dans l'ordre du possible, se disait-il. Parce que les jours de match, il n'était plus un Darfouri, il était seulement un joueur que les supporters encourageaient quelles que fussent leurs allégeances, les tribus de leurs ancêtres ou les provinces où ils étaient nés.

J'ignore ce qu'à cette époque Aldon pensait des fractures ethniques et politiques qui ravagent sa terre natale. Mais aujourd'hui, quand nous discutons tous les deux, quand il m'explique ce que devrait être, selon lui, le Soudan dans un monde idéal, il parle comme Tayeb Saleh, le plus célèbre écrivain de son pays : le peuple soudanais est un « mélange » (métissé de Nubiens, d'Arabes, d'Africains, disait Tayeb Saleh). « Un mélange, mélangé », répète Aldon. Il le voudrait tellement, et l'aurait tant voulu aussi là-bas, à Khartoum. Mais son genou l'a lâché. Une vilaine entorse. Ailleurs qu'au Soudan, cette blessure aurait été sans importance, ou tout au moins elle n'aurait pas été de nature à changer le cours d'une destinée. Sous d'autres cieux, Aldon aurait peut-être dû arrêter le foot à jamais, cela l'aurait rendu triste mais il s'en serait remis. Ou alors il aurait entamé une rééducation et cessé de courir pendant quelques mois. Il se serait contenté de marcher en attendant que son ménisque se rétablisse. Il s'y est d'ailleurs essayé dans les rues de la capitale. Marcher pour entretenir sa forme, marcher pour chercher du travail (pendant sa convalescence le club ne le payait plus). C'est là que les haines l'ont rattrapé.

« Au Soudan, m'a expliqué Ibrahim le Sage un jour où il s'est joint à l'une de mes conversations avec Aldon, le racisme est… euh… comme une tradition. Non, ce n'est pas ça. Le racisme est… *the racism is endemic.* »

— Endémique, nous avons le même mot en français. Et nous avons des racistes aussi.

— Chez nous, ils tuent, a fait remarquer le Sage.

Le Footballeur a acquiescé. Le « racisme endémique », il connaissait. Bien sûr, il n'avait pas suffisamment de mots ni été assez longtemps à l'école pour expliquer pourquoi cet endémisme résiste au métissage « arabo-africain » du Soudan, ou pour décrypter cet héritage de l'histoire, fait de l'écroulement d'anciens empires, d'invasions successives, de mise en esclavage des vaincus, de siècles de traite transsaharienne des Noirs. Cette ségrégation, encore à l'œuvre dans les faits ou les esprits, au Soudan, en Mauritanie ou en Libye, Aldon l'a vécu dans sa chair. La plupart des Soudanais ont la peau foncée et 90 % sont musulmans. C'est le cas d'Aldon. Oui mais il n'a pas d'« ancêtre arabe ». Quand il a été privé de son maillot de foot, il a senti le regard de ceux qui, dans son pays, ne peuvent s'empêcher de classer les gens en fonction de leur degré d'ascendance « arabe » qui, à leurs yeux, se doit de remonter le plus loin possible, de la forme de leurs traits qu'ils méprisent quand ils sont trop « négroïdes », de la tonalité du noir colorant leur épiderme. On lui a vite fait sentir, dès qu'il a déchaussé ses crampons, qu'il était redevenu un homme au nez épaté. « Khadam » (domestique), cette injure, issue du vocabulaire de la traite, il l'a entendue plusieurs fois. Un jour, il a même essuyé l'insulte suprême : « Abid » (esclave). En dehors du terrain, il n'a plus été vu que comme un Darfouri et surtout un Masalit, du nom du groupe ethnique auquel appartenait son père et dont beaucoup ont rejoint les rangs de la rébellion.

Un soir, Aldon est sorti dans les rues de Khartoum, avec quatre de ses amis, masalits eux aussi. La police les a arrêtés. Aldon a été conduit dans les locaux de la Sécurité et du Renseignement. « Donne-nous le nom de tes chefs. Dis-nous à quel mouvement tu appartiens. » Les policiers ont vite compris qu'Aldon n'était pas un combattant rebelle. Il est pourtant resté près de deux mois en prison, sans qu'on lui explique pourquoi. Beaucoup de ses compagnons de cellule en étaient à leur troisième arrestation. Certains n'appartenaient même pas à des associations d'étudiants darfouris, ils s'étaient juste promenés à plusieurs dans la rue. D'autres avaient, dans leurs commerces, vendu des marchandises ou servi des hommes soupçonnés d'être des opposants. Ou alors ils étaient simplement masalits, ou zaghawas ou furs, et donc marqués au fer rouge par leurs origines, leurs ethnies s'étant soulevées contre le régime des années plus tôt. Plusieurs avaient été torturés à coups de brûlures de cigarette ou avec de l'acide déversé sur leur corps. D'autres avaient été privés d'eau pendant des jours, matraqués, suspendus par les pieds, violés. Quand Aldon a été libéré, la Sécurité lui a fait signer un papier stipulant qu'il ne devait parler à personne de ce qu'il avait subi lors de son interrogatoire ni de ce qu'il avait vu ou entendu. Il a dû s'engager à ne jamais se réunir avec plus de deux personnes et bien sûr à ne participer à aucune manifestation contre le gouvernement. Il était, en outre, obligé d'aller pointer toutes les semaines au commissariat. Il vivait la peur au ventre. Les coups reçus en prison avaient aggravé sa blessure au genou et il voyait s'éloigner la possibilité de participer à la coupe de foot du Soudan. La police de Khartoum l'avait dans le viseur et son club, qui lui avait fermé sa porte à cause de sa rotule endommagée, ne lui était plus d'aucune protection. Dans sa région natale, au Darfour, il n'était pas non plus le bienvenu. Son père y avait été tué après avoir lui-même « tué pas mal », dit Aldon, « les hommes des tribus qui voulaient prendre nos terres ». Aldon était sûr de mourir s'il retournait là-bas. Alors, son oncle lui a donné 500 dinars pour payer son voyage jusqu'en Libye. Aldon est parti.

Dès ce moment-là, me jure-t-il, il savait ce qu'il y aurait au bout de son voyage.

Il a roulé pendant dix jours, dans le désert, serré contre onze autres jeunes hommes entassés à l'arrière d'une Toyota, et déjà il savait. Il a été kidnappé en Libye et enfermé deux mois dans une prison « privée », à Sebha, avec trois cents autres migrants, des femmes, des enfants, tous entassés dans une cave sans fenêtre, dormant assis faute de place, affamés, tabassés, battus à mort si leurs proches ne versaient pas la rançon exigée, et toujours il savait. Il a appris que non loin de cette prison se tenait un marché aux esclaves, vendus pour des travaux forcés, il savait encore et ça le tenait en vie, de savoir. Son oncle a enfin payé ses ravisseurs, et, près de Tripoli, il est monté sur un bateau qui, avant d'atteindre la Sicile, a dérivé quatre-vingt-douze heures, au milieu des pleurs, des cris, des prières, et dans son effroi encore, il savait. Pendant chacun de ces moments, Aldon savait. Il savait qu'il irait en France.

Il ne pensait qu'à ça, la France. Pas l'Europe. Ni l'Angleterre ou l'Allemagne. Non, la France. « Là-bas, il n'y a pas que les femmes qui sont belles, tout est beau » – lui avait raconté, à Khartoum, un attaquant d'origine ivoirienne titulaire du club. Paris, la tour Eiffel, les droits de l'Homme, le PSG, l'égalité et la fraternité, Zidane : l'Ivoirien lui avait empli la tête d'images. Et de mots français aussi, bien utiles quand après avoir transité par Messine, Catane, Mineo, Naples, Vintimille, Aldon a débarqué à Cannes et cherché un endroit pour dormir. Dès le lendemain, jour de pagaille à la SNCF, il a pu monter sans billet dans un train pour Marseille, puis sauter dans une correspondance pour Paris. Par chance, la rame transportait un voyageur bienveillant ou simplement allergique aux règlements qui lui a dit : « Cache-toi dans les w.-c. pendant que j'occupe le contrôleur. » « Merci », a répondu Aldon. Il connaissait ce mot par cœur. Grâce à son ami de Côte d'Ivoire, il connaissait aussi

« Bonjour », « Ça va », « Ça va pas ». Il savait dire : « Je suis étudiant » – il a vite compris que ce mensonge inspirait moins de méfiance que la simple vérité « je suis un migrant ». Il n'ignorait ni les formules de politesse – « S'il vous plaît », « Excusez-moi, Madame », « Pardon, Monsieur » ni les questions essentielles – « C'est où ? », « C'est quand ? », « Combien ? », « Comment ? ». Bref, Aldon pouvait se débrouiller en français. Maintenant, ce qu'il veut, me dit-il toujours, c'est améliorer son accent. Aussi, il est toujours partant chaque fois qu'en cours nous interprétons diverses scènes de la vie courante. Et quand je lui ai demandé de prendre la place du Doux qui restait cloué sur sa chaise, évidemment, il a bondi.

— Aldon, donc, voilà, mettez-vous là, en face de moi. Imaginez. Vous voulez aller rue de Belleville. Moi, je marche dans la rue, vous ne me connaissez pas. Demandez- moi votre chemin…

— Pardon, Madame… La roue de Belleville, s'il vous plaît.

— La rOUe de Belleville ? Vous cherchez une roue, Monsieur ?

— Non Madame, je n'ai pas besoin de roue. Je n'ai pas de permis.

Même Abdou rit.

— Ah d'accord, Monsieur. J'ai mal compris alors. Vous cherchez quoi ?

— Je cherche la roue de Belleville.

— Désolée mais la rOUE de Belleville, je ne vois pas où c'est. Mais la rUe de Belleville, c'est par là, après la place des Fêtes.

Aldon se racle la gorge :

— La rue de Belleville.

Oui, avec un U comme dans TU, *je, tu, il.* Comme dans *voiture*, comme dans *j'ai vU, j'ai bU…*

La rue. Toute la classe s'y essaie. Ils s'énervent, ratent une fois, réussissent à la deuxième, ratent à nouveau. Le OU vient plus naturellement à leurs lèvres. Je dis : « Ce n'est pas grave, le U est difficile quand on n'est pas français. C'est difficile aussi pour les Anglais, les Espagnols… » Et je fais chantonner à Aldon qui a failli mourir en Libye, à Abdou dont je devine qu'il a connu le même sort, à tous leurs camarades de classe qui ont vécu et vu plus de choses que je n'en vivrai jamais : « Dans la rUe de Belleville, il y a une voitUre avec deux rOUes. »

Chapitre 10

Pourquoi

Parfois, je n'ai pas envie d'y aller. Fait très froid, fait si chaud. Jean-Quarré est trop triste. Ou j'ai du boulot. Grosse flemme ou méga stress. Ferais mieux de terminer ce truc qui traîne depuis des semaines. Suis invitée à l'autre bout de Paris, peux pas encore dire non. Ou juste, il pleut. Ou j'ai mal au crâne. Ou j'en ai marre… Ou alors, je m'observe, je me jauge, je me juge. Je me trouve risible, je vois ma caricature, je me méprise. J'entends une voix, celle du Grand Inquisiteur portatif que je trimballe en permanence au fond de moi.

Pourquoi tu donnes ces cours de français ? Qu'est-ce que tu cherches ? Pour qui tu te prends ? Pourquoi tu vas là-bas ?

Je vais là-bas parce que j'habite tout près. Ces demandeurs d'asile sont mes voisins de quartier.

Allez, sois honnête…

Je suis honnête ! On ne peut pas être plus honnête. Ils habitent à côté de chez moi. C'est facile, c'est pratique. Ça ne me demande pas un effort surhumain d'aller les voir… En 2015, au moment de ce qu'on appelait la « crise des migrants » (comme si celle-ci ne devait avoir qu'un temps), je passais tous les jours ou presque devant chez eux. Quand je faisais mon marché sur la place des Fêtes – concentration de béton, îlot de résistance à la gentrification –, quand je m'installais pour boire un café dans le bar PMU en bas des tours – mobilier en faux acajou, zéro signe de branchitude, consommateurs de toutes les couleurs –, quand j'allais acheter des croquettes hypoallergéniques pour mon chat eczémateux, juste en face de la rue Jean-Quarré, à la clinique vétérinaire – « vos compagnons pris en charge 24 heures sur 24, 7 jours sur 7 ». L'ex-lycée était alors occupé. Des collectifs en lutte contre la politique migratoire du gouvernement s'étaient mis en tête de créer, dans le bâtiment en déshérence depuis quatre ans, une « maison des réfugiés autogérée ». Près de 1 300 hommes et femmes, qui à la fin de leur périple depuis l'Afrique ou l'Asie n'avaient eu d'autres endroits où loger que les trottoirs, y vivaient. Assez vite, les quatre étages de l'ancien établissement hôtelier se révélèrent insuffisants pour accueillir convenablement autant de monde. Les toilettes se bouchaient, les ordures s'amoncelaient dans la cour, les virus se propageaient. Les membres des collectifs – il y avait parmi eux des anars, des anticapitalistes, des zadistes, des riverains sans étiquette politique – s'entre-déchiraient. Les purs et durs ne voulaient rien lâcher. Ils rejetaient toute forme de compromis avec la municipalité. Ils refusaient les traitements au cas par cas (« Des papiers et un logement pour tous, sinon rien »). Les Soudanais ou les Afghans leur étaient reconnaissants de leur avoir trouvé un gîte mais les regardaient s'empailler sur les « débouchés politiques à donner au mouvement » en écarquillant les yeux et en s'abstenant sagement de défiler dans la rue comme les y incitaient les chefs de file de la maison autogérée. La police finit par vider le squat *manu militari*. Puis, la mairie de Paris confia la gestion des lieux, à peine retapés mais reconvertis en « centre d'hébergement d'urgence », à l'association Emmaüs Solidarité. Tous les matins, je me disais : « C'est à deux pas ! Apporte au moins de la nourriture. Apporte des vêtements. » Mais tous les matins, j'avais « du boulot », un « méga stress », des « trucs à terminer », deux livres à écrire en même temps... Lorsque j'ai mis un point final à leurs derniers chapitres, j'ai enfin poussé la porte de Jean-Quarré. L'équipe des « professeurs » de français venait d'être décimée par une vague de départs successifs. J'ai remplacé l'un d'eux. J'en avais assez de pétitionner, de manifester, de m'indigner. Je suis devenue « bénévole ».

Bénévole ! Du latin « bene », bien, et « velle », vouloir. Tu veux le bien, c'est ça ? « Aimez-vous les uns les autres » (mon Grand Inquisiteur aime me tourner en ridicule en me rappelant de vieilles réminiscences de catéchisme). *« J'avais faim, et vous m'avez donné à manger ; j'avais soif, et vous m'avez donné à boire ; j'étais un étranger, et vous m'avez accueilli... » Évangile selon saint Matthieu !*

Je peux citer Prévert aussi : « Kabyles de la Chapelle... Cobayes des colonies... Brûleurs des grandes ordures de la ville de Paris... Tunisiens de Grenelle... Polacks du Marais... Rescapés de Franco... Esclaves noirs de Fréjus... Enfants du Sénégal... Enfants indochinois... Étranges étrangers. Vous êtes de la ville. Vous êtes de sa vie. Même si mal en vivez. »

Parfois, mon inquisiteur se mue en examinateur de conscience politique :

Les migrants n'ont pas besoin de charité, ils ont besoin de droits. L'altruisme étouffe la structuration des luttes. L'altruisme est paternaliste, néocolonialiste. Toi, et tous les autres bénévoles pleins de bons sentiments, toi et toutes ces associations qui acceptent de gérer les quelques centres donnés en aumône aux migrants, vous êtes des rustines sur l'inacceptable. Des cache-misère sur le tri opéré par le ministère de l'Intérieur entre les « bons » et les « mauvais » réfugiés. Des cataplasmes sur les expulsions et les reconduites aux frontières, sur le cynisme des gouvernants qui instituent la Libye et le Soudan en gardes-chiourmes de notre tranquillité, sur nos larmes de crocodiles pour le petit Aylan, l'enfant kurde mort sur une plage de Méditerranée, sur notre éphémère compassion pour les Africains vendus sur les marchés aux esclaves de Sebha…

En général, je ne sais pas quoi répondre. Hormis quelques phrases qui les jours mauvais sonnent creux : « Les gouvernants sont à l'image des gouvernés. Ils pourraient changer de politique si la peur reculait. » *Les Français ont de plus en plus peur* (cela ne gêne pas mon inquisiteur de s'abriter derrière la *vox populi* après s'être fait passer pour un zélote du grand soir).

Les Français ne veulent pas des migrants, c'est écrit dans les journaux ! Et les petits villages qui accueillent, et les familles qui logent ? Et mon amie Pascale, romancière suisse (*Autopsie d'un père, Une famille*, Flammarion) qui partage son deux-pièces, sous les toits de Paris, avec Alam, ou Zabiullah ou Musa, sans jamais en avoir fait de livre. Et mon amie Cécile, qui après avoir reçu le prix Albert-Londres pour avoir raconté le calvaire de rescapés des camps de torture du Sinaï, d'Égypte, de Libye, du Soudan, s'est démenée pour leur trouver, avec l'aide des frères de l'abbaye de Conques, en Aveyron, un lieu où se reconstruire (Limbo association, pour faire un don, aller sur Internet). Et mon cousin Antoine, jeune père et avocat débordé, qui prend sur son peu de temps libre pour aider les psychologues et les médecins du centre Primo-Lévi, soignants de blessures indicibles commises dans les mêmes camps (idem pour les dons). Et tous ces anonymes dont je ne retiens que les prénoms. Agathe, de Paris, prof dans une école de commerce, qui tous les jours poste sur Facebook des appels au secours pour les mineurs étrangers. « Cherche duvets pour 4 ados à la rue », « Besoin de 150 œufs durs pour lundi », « Urgent : il faut une personne supplémentaire pour la distribution de demain midi », « Qui peut accompagner Ali à l'hôpital ? » Et Pierre-Alain, de Nice, ingénieur au CNRS spécialisé en écologie marine, qui ouvre sa maison ou sa voiture aux silhouettes transies de froid de la vallée de la Roya, le long de la frontière franco-italienne. La justice l'a condamné pour cela, deux mois de prison avec sursis. Et Cédric qui amène des demandeurs d'asile en train jusqu'à Marseille pour qu'ils puissent y déposer leur dossier, les élus de Nice ayant refusé un centre de pré-accueil dans leur ville. Il a été mis en examen pour « transport de personnes en situation irrégulière ». Et Bernard, ancien commandant d'un régiment de chasseurs alpins, et Jean-Gab, guide de haute montagne, qui, la nuit, vont au col de l'Échelle avec une trentaine de bénévoles chercher les naufragés non plus de la Méditerranée mais de la neige. « Honneur » de la France, comme dirait Emmanuel Macron. Et Yann, chef des urgences de l'hôpital de Briançon, qui monte parfois lui-même avec les gendarmes jusqu'au col, qui trouve des gamins pieds nus par – 10°, qui les remet d'aplomb, qui les réchauffe, et qui pleure. Et Gérard, le maire de la commune qui a convaincu les autres édiles de la région d'ouvrir un centre pour les migrants que la glace a dévorés au point que certains ont dû être amputés. « Honneur de la France » encore. Et les filles du Recho qui sillonnent les campements à bord de leur food-truck pour préparer avec et pour les réfugiés des petits plats qui régalent les papilles et, un instant, font oublier la misère. Et tous les Parisiens des « P'tits Dejs de Flandres » qui offrent pain et café chaud au petit matin. Et les volontaires de l'Auberge des Migrants, à Calais, qui distribuent des sacs de couchage marqués à leur nom pour empêcher la police de les détruire ainsi que le leur demande le ministre de l'Intérieur. Et les habitants de Saint-Martory (Haute-Garonne, 944 âmes) qui donnent 30 % de leurs voix au Front national mais ont accepté qu'un centre d'hébergement s'installe sur leurs terres… *Pff,* fait le Grand Inquisiteur. *Regarde ce qui se passe en Allemagne. Entrée en fanfare de l'extrême droite au parlement ! Voilà à quoi mène la générosité envers les migrants.* Aucun mur ne suffira à protéger nos frontières. *Justement. Cent mille étrangers viennent de demander l'asile chez nous. 17 % de plus que l'année dernière. Un record, du jamais-vu.* 100 000 pour 60 millions de Français. 100 000 alors que, dans le monde, le nombre de réfugiés, de déplacés, de gens contraints de fuir (20 par minute) est 600 fois plus élevé. *La France, a dit Michel Rocard – tu l'aimais bien, non, Rocard ? – ne peut pas accueillir toute la misère du monde.* « Mais elle doit en prendre sa part », c'est la deuxième partie de la phrase, on l'oublie tout le temps.

Quand mon inquisiteur a épuisé la liste des arguments politiques – de droite, de gauche, des extrêmes –, quand il en a fini avec la raison d'État et la raison tout court, il se déguise en psy.

Pourquoi cette passion pour ce sujet ? Te sentirais-tu toi-même comme une immigrée de l'intérieur ? (ton sarcastique). *Est-ce le retour de ta basquitude en tant que refoulé ?* (soupir). *Ou alors c'est à cause de ton oncle ?*

Mon oncle ? Il a été accueilli en Amérique à bras ouverts ! Comme tous les Basques qui allaient là-bas pour être cow-boys ou bergers. À l'époque, les Yankees avaient besoin de bras. Personne n'a dit au frère de mon père : « Retourne d'où tu viens. » Mon oncle André n'a séjourné dans aucun camp ni centre de rétention. Il n'a pas traversé de désert infesté d'assassins. Il n'a pas embarqué sur un rafiot pour affronter le large. Il a fait le voyage en avion. Mais, c'est vrai, quand il a quitté la ferme de ses parents, il avait dix-huit ans et il ne parlait pas un mot d'anglais.

Dans le Nevada, il a dû tout apprendre au point d'en oublier le français.

Intéressant… Et tes enfants ?

Quoi, mes enfants ?

Ils sont grands maintenant. Tu te souviens comme tu aimais leur lire des histoires et leur apprendre à en écrire eux-mêmes ? Ou peindre des lettres de toutes les couleurs avec eux ? Aujourd'hui, tu en es à dessiner des voitures, des maisons, des bonshommes sur des fiches cartonnées et à les distribuer dans ta « classe ». Quand tu reviens de cours tes doigts sont barbouillés de feutre. Parfois, tu en as même sur le nez…

J'ai toujours aimé ça.

Même Karina (mon éditrice) *a fait le lien.*

Elle a seulement parlé d'une tendance générale : c'est fou, aujourd'hui le nombre de femmes qui, une fois leurs enfants sortis du nid, se lancent dans l'humanitaire.

Et cette amie productrice à qui tu as raconté tes cours de français. Tu te rappelles ce qu'elle t'a dit ?

Au mot près : « C'est marrant Marie-France, tu me fais penser à ce film, tu sais, *Maman est folle*. Tu ne l'as pas vu ? » Non, je ne l'ai pas vu mais j'ai lu le scénario sur Wikipédia : pour tromper son ennui, « une mère au foyer » un peu « excentrique » milite à corps perdu dans une association d'aide aux réfugiés, « au point de délaisser sa famille » et de « ressortir brisée » de cette expérience car « sa sensibilité naturelle s'accorde mal avec l'âpreté des vies faites d'exil et de clandestinité... Ce n'est que grâce à l'amour indéfectible des siens qu'elle pourra retrouver l'apaisement » ! Quelques jours plus tard, j'ai reçu le DVD par la poste. Vexée comme un pou, je ne l'ai pas ouvert. Mes enfants et mon cher époux me traitent parfois de « foldingue » mais c'est un compliment. Enfin, je crois...

Allez, on est entre nous, avoue, ce n'est pas uniquement pour EUX, les migrants, les réfugiés, les exilés, que tu vas là-bas (ça, c'est quand l'inquisiteur joue la bonne copine).

Non, ce n'est pas seulement pour eux que j'y vais. J'y vais aussi pour moi. Mon pauvre petit moi. J'y vais pour regonfler mon ego, pour améliorer mon estime personnelle, pour ne pas regretter un jour de « n'avoir rien fait », pour soulager ma conscience. J'y vais et je me donne le beau rôle. Je me donne UN beau rôle. J'y vais pour ne plus seulement écrire SUR mais pour parler AVEC. J'y vais parce que les mots sont magiques quand ils ne sont pas gravés dans le marbre. J'y vais parce que ces mots, prononcés par d'autres, m'inspirent. J'y vais parce que, là-bas, j'entends d'autres voix et que je respire un autre air. J'y vais pour les découvertes et les rencontres, les moments de grâce, les rires qui masquent la tristesse. J'y vais parce que ça me fait plaisir. J'y vais parce que chaque fois que j'en reviens, j'ai oublié la fatigue, les « trucs urgents à terminer », les sorties à l'autre bout de Paris. J'y vais parce que je reçois plus que je donne.

Chapitre 11

Le dictionnaire de Sharokan

Mais bon sang, que le français est difficile. Pourquoi dit-on UN couteau alors qu'il faut dire UNE fourchette ? Pourquoi UNE table *versus* UN mur ? Pourquoi UN camion – et UNE voiture ?

— Je ne sais pas Sharokan. Il n'y a aucune logique. *That's the way it is...*

— Je comprends : c'est comme ça !

Tous les jours, je me félicite d'avoir surnommé Sharokan « le Polyglotte », dès son premier cours et sans le connaître plus avant. Comme il prend plaisir à jongler avec les mots, à passer de l'anglais au français, puis du français au pachto ou au dari, et vice versa. En Afghanistan, il était bien interprète. « Pour l'armée canadienne », m'a-t-il dit l'autre jour.

Il a perdu les stigmates des nuits sans abri. Il y a toujours une lueur d'inquiétude au fond de ses yeux mais, désormais, n'importe qui le croiserait dans la rue lui trouverait l'allure d'un jeune homme modèle. Un sourire franc sur des traits sans défauts, des cheveux parfaitement peignés, une mise soignée comme – cela dit en passant – presque tous les résidents de Jean-Quarré. « Qu'est-ce que vous croyez ? Eux aussi sont coquets. Ils aiment être bien habillés », a lancé la semaine dernière l'un des responsables du centre à une dame qui traînait derrière elle une valise de vêtements trop lourde pour être honnête. Elle vidait ses placards comme je l'avais fait moi quelque temps plus tôt, comme nous le faisons tous à chaque changement de saison pour Emmaüs, la Croix-Rouge, le Secours catholique, pour les sans-abri, les chômeurs en fin de droits, les accidentés de la vie, en essayant, du moins j'imagine, de ne pas nous débarrasser seulement de nos tricots mangés aux mites, de nos chaussures éculées ou complètement démodées, de nos vieux complets vestons en tergal ou de nos chemisettes à cols pelle à tarte. Les migrants, quand nous les voyons sales et grelottants sous des tentes Quechua, le long de nos rues, ou les yeux encore remplis de terreur sur des images choc prises à leur arrivée dans un port de Méditerranée, portent des survêtements en acrylique, de fins blousons de nylon zippés jusqu'au cou, de méchants bonnets de laine. Nous oublions qu'avant leur départ ils ne ressemblaient pas forcément à de pauvres hères. Ils aimaient, comme vous et moi, être *bien habillés*. Ils étaient *coquets*. Et ici, dès qu'ils le peuvent, ils le sont à nouveau. Je les admire pour cela aussi. Aldon le Footballeur affectionne évidemment le sportswear mais il a un sens très sûr de l'assemblage des couleurs. Suleyman le Musicien vient de dégoter un long pardessus couleur poil de chameau qui lui donne une allure de dandy un peu canaille. Le Polyglotte, en revanche, préfère le style bon chic bon genre, petit polo et pull en V. Il pourrait entrer à HEC ou à la faculté d'Assas sans qu'on lui demande ses papiers. C'est d'ailleurs ce qu'il fera un jour, j'en suis sûre : étudiant, pas dans une école de commerce ou en droit mais en Langues O ou dans un institut de formation des interprètes, pour renouer avec sa vie d'avant. Je voudrais tant.

Après les cours, il me soumet des listes de vocabulaire qu'il a recopiées je ne sais où.

— Qu'est-ce que ça veut dire auberge ?

— C'est comme un hôtel mais bon ça ne se dit plus beaucoup.

— Et épatant ?

— Pareil, ce n'est pas très moderne. Mais c'est épatant d'avoir trouvé ce mot. C'est très bien, c'est super, c'est génial. On peut dire chouette aussi quand on a plus de cinquante ans.

— Et aléatoire ?

Sharokan raffole des mots. Il les cultive, les collectionne, les examine sous toutes les coutures. À l'écrit comme à l'oral. Dans la classe, il est celui qui les reproduit le plus aisément. Il a l'oreille. Moi qui ne l'ai pas du tout, je l'envie quand, après les cours, il s'amuse à me montrer la différence d'accent entre l'anglais de New York et l'anglais d'Ottawa. C'est à ces occasions, lorsque je rebouche mes feutres et range un fatras de feuilles photocopiées, que Sharokan m'éclaire sur les circonstances qui l'ont amené à servir d'interprète aux soldats de l'armée canadienne. Après Aldon, il est le deuxième à m'avoir raconté son court passé (il n'a que vingt ans). Un passé que je reconstitue peu à peu parce que nos conversations sont aléatoires – « *dependent on chance,*

Sharokan » – et que ce n'est pas lui mais Ibrahim le Sage ou Suleyman le Musicien ou qui sais-je encore qui restent après la fin du cours. Nos conversations sont courtes (à 20 h 30 le repas est servi au réfectoire). Nos conversations, enfin, sont souvent chaotiques, entre mon anglais laborieux et celui de Sharokan si *fluent,* entre son français *in progress* et le mien fatigué par le cours qui a précédé, mais voici ce qui en ressort quand je les mets bout à bout :

La mission de Sharokan auprès des Canadiens a débuté en 2013 et a duré près d'un an. À l'époque, il vient juste de partir de chez ses parents (son père est électricien dans une petite ville du sud de l'Afghanistan et sa mère au foyer). Pour préparer son concours d'entrée à l'université, il est allé vivre, à 2 000 kilomètres de sa famille, chez une vieille tante malade. Il a besoin d'argent et veut améliorer son anglais. Ça tombe bien : l'OTAN recrute des interprètes et a ses bases non loin de la maison de sa tante, dans le gigantesque complexe aéroportuaire de Kandahar. Sharokan se porte candidat. Les Canadiens l'embauchent. À l'époque, les soldats déployés par Ottawa ne participent déjà plus aux combats, ils forment l'armée et la police afghanes à la lutte contre Al-Qaïda, les Talibans, et l'État islamique naissant. Pendant huit mois, Sharokan assiste aux entraînements et traduit les consignes du maniement des armes. Jusqu'au jour où ses employeurs lui annoncent : « Désolés, mais nous mettons fin à votre contrat de traducteur. » Les Canadiens sont en train de plier bagage comme les autres contingents étrangers, engagés sous commandement de l'Alliance atlantique. Nous sommes au printemps 2014. L'opération « Liberté immuable » touche à sa fin.

Liberté immuable ! J'avais oublié ce nom de code. « En anglais, on dit *Enduring Freedom* », m'a rappelé Sharokan.

— Et comment dit-on « prendre sur soi » ?

— *Take upon oneself*, Professeur.

Take upon himself, c'est cela que Sharokan a fait, quand les Canadiens sont partis, comme des milliers d'Afghans qui avaient servi de traducteurs pendant les treize années d'Enduring Freedom. La France en a employé à elle seule plusieurs centaines. Elle a donné des visas à une centaine d'entre eux et laissé les autres derrière elle. Pour le Canada, je ne connais pas les chiffres mais un interprète, au moins, n'a pas eu la protection qu'on lui avait promise : Sharokan. Il s'est retrouvé seul face à tous ceux qui ont réclamé vengeance dès le retrait des troupes de la coalition internationale. « Traître », « Infidèle », « Chien », a-t-il commencé à entendre quand il sortait dans la rue…

Avant de donner des cours à Jean-Quarré, j'avais cessé de m'intéresser à cette région du monde et à son « bourbier » comme on écrit dans les journaux quand on ne comprend plus rien, quand on se lasse. Le bourbier afghan, le bourbier libyen, le bourbier irakien. J'étais sans doute dans la moyenne des Français qui pensaient qu'il fallait maintenant laisser les Afghans se débrouiller tout seuls. De temps en temps, je voyais passer un article sur des élections sous haute tension dans des villes gangrenées par la corruption, sur des attentats – mais qui n'en a pas ? –, sur des affrontements entre des « chefs tribaux » ou des narcotrafiquants. Bref, la situation ne semblait pas aller en s'arrangeant. Mais au même moment, une autre guerre civile, en Syrie, envahissait les écrans avec son cortège d'atrocités, et on ne peut pas compatir et s'indigner sur tous les fronts. On ne peut pas avoir peur tout le temps et pour tout. Ce qui nous remplissait de terreur désormais, c'était Daech. On avait oublié Ben Laden. Et on ne parlait plus des Talibans. Ils étaient revenus pourtant, *revenus* n'étant pas le terme adéquat puisqu'ils n'avaient jamais cessé d'être là avec leur charia, leur obsession du vice et de la vertu, leur détestation de l'Occident. « Traître », « Infidèle », « Chien » étaient tous ceux qui les avaient combattus ou aidé à les combattre. Dans toutes les provinces d'Afghanistan, les fondamentalistes avaient regagné du terrain, et notamment dans et autour de Kandahar, la capitale du régime taliban au début des années 90.

Un matin de décembre 2015, Sharokan a entendu des bruits de tir provenant de la zone aéroportuaire où il avait travaillé comme interprète. Un lieu ultra sécurisé, avec l'une des plus grandes bases militaires du pays, abritant l'armée afghane et aussi les forces résiduelles de l'OTAN qui après « Liberté immuable » avait lancé, avec toujours le même sens de la formule, l'opération « Soutien Résolu ». Seulement quelques milliers d'hommes, surtout des Américains, chargés de dispenser « assistance et conseil en matière d'antiterrorisme ». Ce qui n'empêchait pas les Talibans d'avancer leurs pions. C'était eux qui attaquaient l'aéroport au lance-roquettes. Les combats ont duré presque deux jours et ont fait une cinquantaine de morts. Peu après, en plus des insultes dans la rue, Sharokan a reçu une lettre chez lui : « On sait ce que tu as fait. On sait où tu habites... Nous te tuerons toi et tous les autres espions. » À qui demander de l'aide ? À la police déjà débordée, inefficace, corrompue, ou elle-même menacée par les Talibans ? Aux Canadiens qui avaient disparu ? Les parents de Sharokan ont déménagé pour soustraire leur fils aux représailles. Pendant un mois, il n'a pas quitté l'appartement. Puis dès qu'il a mis le nez dehors, une deuxième lettre de menaces est arrivée. Il y a eu un conseil de famille. Son père, sa mère, ses frères et sœurs pleuraient mais il a été décidé qu'il devait fuir.

Sharokan me raconte tout cela sans acrimonie. Jamais un mot plus haut que l'autre contre le Canada. Aucun reproche envers la France dont les anciens interprètes, y compris ceux qui ont été sur le terrain pour parlementer dans les villages d'insurgés ou négocier avec des ravisseurs d'otages français, sont souvent obligés de vivre terrés, de se cacher sous une burka quand ils se déplacent. Sharokan le sait mais il ne laisse pas percevoir son amertume. Il joue au jeune homme enjoué.

Un soir, à la fin d'un cours, alors que je viens d'expliquer, planisphère à l'appui, quel article il faut accoler à nos nations respectives – *LA France c'est féminin, LE Soudan masculin, L'Afghanistan, je n'en sais rien, en tout cas, on met ce petit signe en forme d'accent, parce que LE ou LA Afghanistan, ça ne sort pas bien de la bouche* –, ce soir-là donc, je demande à Sharokan comment il a fait pour venir en France. Il me répond dans un éclat de rire :

— *It lasted one year.*

— Ton voyage a duré un an ?

— Oui, un an… *On foot, almost all the time !*

— Tu veux dire à pied, presque tout le temps ?

— Oui, Marie. *It was crazy !*

Du doigt, il trace un itinéraire sur la carte, de ville en ville, en vitesse accélérée et en riant de plus belle, une manière de dire, sans doute, que la folie de son pays qui lui a imposé de telles pérégrinations ne mérite que cela, le rire. Puis moitié en anglais, moitié en français, il me résume brièvement chaque étape. Comment, grâce à un visa touristique valable seulement une semaine, il prend l'avion pour Mashhad, ville iranienne proche de l'Afghanistan. Comment il se dépêche de trouver un passeur, avant d'être enfermé dans un camp de déplacés ou pire, d'être recruté de force par le Hezbollah qui combat en Syrie pour Bachar al-Assad. Comment, après avoir payé

600 dollars, il parcourt les 2 000 kilomètres qui séparent l'Iran de la Turquie, en marchant ou en se cachant dans des trains de marchandises. Comment, dans la nuit, à 1 500 mètres d'altitude et en plein mois de janvier, il crapahute pendant vingt heures, avec trente-cinq autres Afghans, pour franchir la frontière. Comment, une fois à Van dans le Kurdistan turc, après avoir versé 700 autres dollars à un autre passeur, il avale 2 000 nouveaux kilomètres pour mettre derrière lui le continent asiatique. Comment avant d'atteindre l'Europe, il se fait arrêter deux fois par des garde-frontières, qui finissent par lui prendre ses vêtements et le laisser en slip dans la neige. Comment, avec un pull et des chaussures offerts par d'autres migrants, il réussit à franchir la ligne à la troisième fois. Comment à partir de la Bulgarie, il enchaîne les séjours derrière les barreaux. D'abord pendant trois semaines dans un centre de rétention de Sofia, en Bulgarie, d'où il parvient à s'échapper pour ajouter 600 kilomètres à son périple. Puis dans un camp de Belgrade, en Serbie. Cette fois, il en sort au bout de deux mois et poursuit sa route pendant 350 kilomètres vers la Hongrie où le gouvernement de Viktor Orban est en train d'achever son deuxième mur antimigrants hérissé de barbelés. Sharokan passe

en dessous. Aussitôt, il est mis en prison (Orban vient aussi de décider que tout « illégal » entrant sur le territoire serait incarcéré). Sharokan croupit quatre mois en cellule, non loin de Budapest, il ne se souvient plus du nom de la ville mais juste que c'était sale, qu'il était affamé et qu'on le battait souvent. Puis il repart vers la Slovénie, 400 kilomètres de plus qu'il fait cette fois entièrement à pied avant de trancher entre trois options. Remonter, comme prévu, vers l'Allemagne où ses compatriotes sont nombreux ? Trop nombreux justement. Sharokan a eu le temps de l'apprendre sur la route. Entre son départ de Kandahar et son arrivée en Europe – onze mois de voyage –, Angela Merkel a ouvert les bras à près d'un million de réfugiés. Mais pour calmer ses électeurs, elle autorise à nouveau les expulsions. Et les Afghans font partie des premiers visés. L'Italie ? Surchargée elle aussi, depuis que l'Union européenne a bloqué, en Grèce, l'un des principaux points de passage des migrants venus d'Afrique et d'Asie. Sharokan ira donc en France même s'il n'y a aucune attache. Depuis la Slovénie, il continue tout droit. Trieste puis Milan qu'il s'empresse de quitter, Vintimille, Paris. Il me dit avoir parcouru ses derniers kilomètres en train non pas de marchandises, mais de voyageurs. Je ne lui demanderai pas comment il a déjoué les contrôles. Maintenant, il a surtout envie de parler de la France, de tout ce qu'il a à découvrir et à apprendre.

En cours, il vient toujours avec Omar qui, comme lui, ne se départit jamais de son sourire. Ils se sont connus en prison, en Hongrie. Depuis, ils sont inséparables. Omar était électricien dans le district de Kunduz, dont les Talibans se sont récemment emparés. Il mesure au moins deux mètres, Sharokan lui arrive à peine aux épaules. Quand ils sont tous les deux, ils me font penser aux frères Dalton. Surtout Omar qui ressemble à un garçon qu'au lycée, mes copines et moi, nous appelions Averel parce qu'il était naïf et excessivement gentil. Omar est lui aussi une image vivante de la gentillesse. Il a beaucoup de mal avec le français mais, avant de remonter vers le réfectoire, il a pris l'habitude de me lancer : « Portez-vous bien, Marie. » Il est le seul ici à utiliser cette expression. Je suis persuadée qu'il l'a cherchée sur un site de traduction automatique pour s'excuser de ne pas apprendre mieux et plus vite. La fois où il n'a pas réussi à m'expliquer pourquoi il avait été absent plusieurs semaines de suite, il a fini par lever son pull pour me montrer une énorme cicatrice qui barrait tout son torse. « Il a sauté sur une mine, en Afghanistan », a souri Sharokan. « Hôpital. Paris Hôpital », a ajouté Omar. Lui aussi souriait. Devant ma mine défaite, tous deux avaient presque l'air hilare. Comme si leurs vies étaient une farce tragique dont ils ne pouvaient s'extraire que par le rire qui est peut-être aussi la politesse de l'espoir.

Chapitre 12

L'envie et la pitié

La semaine dernière, plusieurs nouveaux sont venus au cours. Des Tchadiens, des Guinéens, et même un Libyo-Palestinien. Forcément, nous avons commencé par les présentations. Je me suis lancée, chacun a suivi. « Colère » me regardait avec cette mine renfrognée qu'il a toujours. Ou alors il fixait les autres avec une légère moue de dégoût. Il était placé au bout de l'arc de cercle. Quand son tour est venu, il a lâché sans desserrer les dents : « Abdelaziz. Soudan. » Alors qu'il parle de mieux en mieux le français.

Même s'il est beaucoup plus aimable que son air ne le laisse supposer, Abdelaziz a toujours un pet de travers. Un jour, son dos le fait souffrir parce que la veille, au foot – il y joue avec Aldon –, il a un peu trop forcé. Un autre, il n'a pas aimé ce qu'il a mangé à la cantine ou alors il a payé trop cher l'écharpe siglée PSG, qu'il porte autour du cou. Hé Ho, Abdelaziz, personne ne t'a obligé à l'acheter !

Avant d'arriver en France, Abdelaziz a beaucoup enduré en Libye. Prison privée, prison officielle, racket de la milice, racket de la police. Et pourtant, je l'avoue, mon empathie envers lui connaît des éclipses. Avec Mahmoud, en revanche, elle est sans faille. Pas seulement parce qu'il a subi ce qu'un migrant peut endurer de pire. Non, si mon empathie se porte si naturellement sur lui, c'est parce qu'il est drôle. Son art de la grimace atteint maintenant la perfection. Et j'ai toujours adoré les grimaces, une tradition familiale. Je l'avais baptisé « Charlot », en dépit de ses souffrances passées. Mais « Jerry Lewis » lui va beaucoup mieux.

La manière qu'il a de se moquer quand il se trompe…

— Bonjour, je suis Marie. Et vous ?

— Marie… Euh… Mahmoud !

— Je suis française. Et vous ?

— Je… suis française.

Comme tout le monde rit, il comprend vite qu'il s'est pris les pieds dans le tapis. Alors il bat des cils, donne un coup de menton vers la gauche comme s'il écartait une mèche de cheveux. Bref, il m'imite. Puis, il mord son stylo comme moi ma cigarette électronique, fait semblant de s'étouffer, tord la bouche, roule des yeux.

Hier, il a interprété un autre numéro. Mais cette fois-ci, c'est avec les mots qu'il a joué. Une journaliste de RFI était venue assister à la fin du cours, non pour faire des interviews mais pour réaliser une sorte d'audit sur les besoins linguistiques des réfugiés (la radio veut créer un site Web qui leur sera destiné). La journaliste a demandé à chacun comment il s'appelait, depuis combien de temps il était en France, etc. J'ai eu l'impression désagréable de me voir de l'« extérieur » avec mes satanés exercices et j'ai donné raison à Colère qui, cette fois, s'est montré charmant, indiquant même son âge (« vingt-neuf ans »). Mahmoud-Lewis était assis à côté de lui. Lors des derniers cours, il avait réussi à énoncer correctement son nom et sa nationalité, réservant sa drôlerie à d'autres difficultés d'apprentissage. Mais quand la journaliste est arrivée à lui, il a plaqué un air inspiré sur son visage noir ébène et a répondu, sérieux comme un pape : « Bonjour, je m'appelle Mahmoud et je suis japonais. »

Le soir sur mon carnet, j'ai noté :

Théorie psychanalytique : la langue maternelle est celle qui accueille le lapsus et donc tout ce qui l'accompagne : le rêve, l'humour, le trait d'esprit. Pourtant, Mahmoud – illettré, ancien esclave – qui ne parlait qu'arabe, ironise en français !

Tout cela pour dire que dans ma classe, comme dans n'importe classe, il y a les attachants et les énervants. Parfois, ils sont les deux à la fois. Saïdi, *alias* « la Flèche », par exemple. J'aurais tout aussi bien pu le surnommer « Tête à claques ». Bien que tout fin et tout mignon (il a dix-neuf ans), il est doté d'un culot monumental. Il sort de la salle à peine arrivé, puis rentre à nouveau, toujours en se fendant la poire : « Comment ça va professeur ? » Il coupe la parole à tout le monde. Il ponctue toutes mes explications d'un sonore « Voilà », comme si c'était lui qui supervisait la leçon. Puis il nous plante là parce qu'il a eu un appel téléphonique « urgent ». En général, il va retrouver son copain Wali qui traîne son désœuvrement dans les couloirs et refuse d'apprendre le français. Saïdi, qui prétend lui-même connaître suffisamment de mots pour draguer les filles, sèche une fois sur deux. Si j'étais un vrai prof, je le mettrais au fond de la classe ou alors tout devant, parce qu'il a aussi une tête de chouchou.

À l'inverse, le côté fort en thème de Mohamed, qui a passé une maîtrise d'histoire à Khartoum, réveille en moi l'hostilité puérile que j'ai toujours éprouvée pour les « premiers en tout ». Certes, j'admire son parcours, sa pugnacité, son extraordinaire capacité d'assimilation. Mais l'autre jour, alors que, je ne sais plus pourquoi, nous parlions de Rouen, il a déroulé, sous les yeux stupéfaits de tous les autres, la biographie de Jeanne d'Arc, qu'il connaissait mieux que moi, j'ai eu envie de sortir ma sarbacane.

Nowroz et Khabir, eux, déboulent toujours en roulant les mécaniques, accompagnés par deux ou trois potes, jamais les mêmes, vêtus de longues tuniques avec un blouson en cuir pardessus. Les autres Afghans les regardent de travers. Je ne veux pas savoir si c'est parce que les uns sont pachtounes et les autres hazaras, les premiers méprisant généralement les deuxièmes considérés au pays comme des inférieurs, souvent voués aux tâches les plus pénibles, ramassant les ordures ou se louant comme domestiques. En général Nowroz et Khabir restent dix minutes à peine en classe, le plus souvent debout. Parfois, ils tiennent à la main leur batte de cricket, le sport national afghan (ils y jouent dans la cour de Jean-Quarré). Ils font partie des mauvais coucheurs qui critiquent la nourriture du centre d'hébergement, la qualité de la literie. Selon eux, « en Allemagne », par où ils sont passés, « c'était beaucoup mieux organisé, surtout les cours de langue ». O.K., d'accord, les gars, revenez l'année prochaine, d'ici là, on aura peut-être gagné une étoile.

Je n'ai pas suffisamment d'abnégation pour faire taire mes mouvements d'humeur. Pis, au lieu d'essayer de m'améliorer, je me cherche des circonstances atténuantes. Si je vois le mauvais caractère d'Abdelaziz, l'hyperactivité et le sans-gêne de Saïdi, la légère suffisance de Mohamed, la rudesse de Nowroz et de Khabir, si je note les défauts et les petites manies des uns et des autres, je me comporte avec eux comme avec n'importe qui. Donc, je les respecte. En conséquence de quoi, je me pardonne de ne pas les considérer uniquement comme des êtres souffrants. En réalité, parfois, j'oublie même qu'ils ont souffert. Est-ce que je n'ai aucune pitié ? À vrai dire, je ne sais pas très bien ce qu'est la pitié. « Un sentiment qui porte à compatir aux souffrances ou à la faiblesse d'autrui, à le traiter avec une indulgence particulière. » En y réfléchissant bien, je ne crois pas que mon attitude réponde à la définition du Larousse. Je ne me montre pas « particulièrement indulgente ». Et je ne me sens pas du tout à la hauteur quand, par exemple, je lis ce que dit Shakespeare sur la question : « La pitié est déjà un pas vers l'amour » (*La Nuit des rois*). Ou « La douce pitié est le symbole de la vraie grandeur » (*Titus Andronic*).

Heureusement, il existe des quantités d'autres citations – avec les moteurs de recherche, c'est facile de les retrouver – démontrant que nombre d'esprits éclairés n'ont aucune pitié pour la pitié. En laissant Nietzsche de côté et si je choisis seulement quatre auteurs qui comme Shakespeare sont chers à mon cœur, j'obtiens ceci :

Albert Camus : « On se fatigue de la pitié quand la pitié est inutile. »

Honoré de Balzac : « La haine est un tonique, elle fait vivre (...) mais la pitié tue, elle affaiblit encore notre faiblesse. »

Stefan Zweig : « Il faut savoir dominer sa pitié, sinon elle cause plus de dégâts que la pire indifférence. »

Khalil Gibran : « La pitié n'est que la justice amputée. »

J'aime bien aussi ce qu'a dit Joseph Sanial-Dubay (jamais lu), un moraliste de la fin du XVIIIe : « On ne refuse pas la pitié aux malheureux, pourvu qu'ils n'en demandent pas davantage. »

Si j'ajoute à toutes ces références littéraires les diverses théories (neurologiques, cognitives, psychologiques ou évolutionnistes) qui nous invitent à considérer la pitié comme le paravent d'un autre sentiment peu ragoûtant à savoir le mépris – qui n'est lui-même que le camouflage d'autres émotions primaires, c'est-à-dire vieilles comme le primate, parmi lesquelles la peur et la colère –, c'est sans remords que je suis sans pitié. Et sans aucun mérite. La pitié est mortifère et la mort me terrifie. La pitié est ennuyeuse et je déteste m'ennuyer. « *Invidiosum esse praestat quam miserabilem.* » « Mieux vaut faire envie que pitié » (Publius Syrus, esclave affranchi et poète, né en Syrie, 85 av. J.-C).

Chapitre 13

Les Causalités de Salomon

Salomon, le roseau érythréen, vient toujours le premier. À 17 h 55 pétantes, il est posté devant la porte de la salle de classe, plus à l'heure que moi et que tous ses camarades dont les arrivées s'étalent entre 18 h 15 et 19 heures, voire 20 heures, trente minutes avant la fin. Salomon est aussi régulier qu'un métronome. Je n'ai pas encore élucidé ce mystère.

Sous le préau, dans la pénombre des fins de journée, il m'attend un fin sourire aux lèvres sous son casque de cheveux bouclés, droit comme un I, sur son corps démesurément long. Ce corps ne plie qu'une fois assis dans la salle de cours.

C'est là que Salomon devient le Roseau pensant, qu'il penche la tête, qu'il prend cet air si particulier, à la fois songeur et attentif. En attendant les autres, nous bavardons et nous travaillons aussi. Salomon a toujours des questions à poser sur tel ou tel mot appris lors du cours précédent, ou entendu dans la rue. Je ne comprends pas toujours ce qu'il me dit puisque je ne suis pas, contrairement à lui, douée pour les langues étrangères. Il parle anglais avec un accent érythréen et très vite. Aussi vite qu'il réfléchit. Si je lui explique l'expression « est-ce que je peux ? », aussitôt et avant même que j'aie terminé, il renchérit avec un « puis-je ? » de la plus belle eau. Il me demande quand et pourquoi il faut dire l'un et pas l'autre. *Puis-je* ? Mais où a-t-il été chercher ça ? Comme beaucoup de résidents de Jean-Quarré, Sharokan notamment, il s'entraîne avec diverses applications d'apprentissage du français téléchargées sur les téléphones portables. Mais si le Polyglotte est friand de vocabulaire, le Roseau pensant lui semble s'être fixé pour objectif de raffiner sa syntaxe. Chaque fois, j'en reste bouche bée.

Par-dessus tout, Salomon a une prédilection pour les mots qui expriment les conséquences et la manière dont s'enchaînent les faits. Par exemple, il veut savoir si *parce que* et *car* ont « exactement » la même signification. Je lui réponds par l'affirmative, en négligeant, les grammairiens me pardonneront, les subtilités attenantes au choix d'une conjonction de coordination plutôt que de subordination. Mais aussitôt, il rebondit sur *puisque*, *vu que*, *pour que*, *grâce à* et même *en raison de*. À la fac, je m'endormais sur les travaux de Ferdinand de Saussure. Salomon lui aurait adoré les *Cours de linguistique générale*. Non, ce qu'il aurait préféré c'est *Le Langage et la Pensée* de Noam Chomsky qui allègue des capacités innées, chez l'être humain, incluant la possession d'une grammaire universelle, inhérente à notre esprit quel que soit l'endroit où nous sommes nés. La notion de causalité fait-elle partie de cette grammaire sans distinction de races et de couleurs ? J'ai oublié. En tout cas, elle semble rassurer Salomon. Sans doute les « structures du langage » lui permettent-elles d'avoir une prise sur le chaos du monde, l'aident à contenir son trop-plein d'émotions. Dès l'acquisition d'un nouvel outil syntaxique relatif à la corrélation d'événements, à leur enchaînement ou à leurs conséquences, Salomon met de l'ordre dans son passé (presque aussi court que celui de Sharokan puisqu'il a vingt-cinq ans) puis me demande de vérifier si, sur le plan linguistique, tout est bien rangé. Avec lui, c'est ainsi que les choses se sont passées. Cours après cours, pendant les quarts ou demi-heures grappillées avant l'arrivée des retardataires.

Je sais désormais que, dans le village d'Érythrée où il est né, « la terre est très sèche *parce qu'*il pleut seulement l'été ». Je sais aussi que les habitations sont en torchis, recouvertes de branchages « *pour* être invisibles depuis le ciel… *à cause* de la guerre… *à cause* des bombes ». À l'occasion de chaque découverte grammaticale, Salomon m'offre les pièces éparses d'un puzzle. Parfois, pour mieux en voir le motif, quand je n'ai pas compris le nom d'un hameau ou d'une province, ou s'il cite des dates ou des faits qui pour moi n'évoquent rien, je consulte des archives. Une guerre dans son village ? Lors de celle qui a duré trente ans, de 1961 à 1991, contre l'Éthiopie, Salomon n'était pas né. Il n'a vu le jour qu'après la victoire de son pays et la proclamation de son indépendance. Mais Salomon ne ment pas – de près ou de loin, il connaît la guerre. Entre la petite Érythrée et l'immense Éthiopie (qui avait annexé sa voisine après la fin de la colonisation italienne), les combats frontaliers n'ont jamais cessé. En 1998, ils ont fait des milliers de morts, notamment dans des bombardements. Salomon avait six ans et son père lui disait de ne pas avoir peur « *parce que* les avions ne peuvent pas voir les maisons, *grâce aux* murs faits avec du sable et de l'eau, couleur du sol ».

Maintenant, Salomon regarde ces maisons de loin, en se connectant sur Google Earth, quand il a accès à un ordinateur. Ou avec mon Smartphone (le sien lui a été confisqué par des trafiquants libyens lors de son passage à Tripoli). « Prête le téléphone. Je te montre. » Il écrit « Érythrée » sur le globe terrestre qui tournoie à l'écran. Un point écarlate vient se ficher au bord de la mer Rouge. Les doigts de Salomon caressent la carte en 3 D pour l'élargir et je vois des étendues désertiques, des pics déchiquetés, des ravins vertigineux.

— C'est beau.

— Très beau, répond Salomon.

Il fait défiler un paysage lunaire, sans l'ombre d'une ville ou la trace d'une route. Lui-même semble s'y perdre. Puis ses doigts s'agitent à nouveau et soudain, j'aperçois un minuscule village fondu dans la roche. *Via* l'image satellite, on croirait des Legos posés sur un océan de poussière. Seul un bâtiment a des proportions un peu plus importantes. L'église. Elle est au milieu « *parce que* nous sommes chrétiens ». Les doigts de Salomon étirent un peu plus l'écran, à croire qu'ils essaient de le creuser, de passer au travers pour atteindre ce qu'il y a derrière et entrer dans le village, le toucher. « Regarde. » Je regarde et je ne vois qu'une maison semblable à toutes les autres. « Regarde, répète Salomon. Mes parents habitent là. » Sa voix tremble un peu comme à chaque fois qu'il parle des siens et comme d'habitude, il la raffermit en appelant la grammaire à la rescousse : « *Grâce à* Internet, je vais chez moi. Regarde. Regarde bien. » Est-ce qu'on distingue les bœufs ? Son père, qui cultive le blé et le sorgho sur son lopin aride, en possède deux, « *car* dans le village, il n'y a pas de machine. *Vu qu'*il n'y a pas d'argent. Mais il y a de l'amour. Dans ma famille, il y a beaucoup d'amour. » Alors, ces bœufs, où sont-ils ? « *Puisque* Google Earth est magique », on devrait les voir. Mais non, on ne les voit pas ou alors ils ne sont plus là. Les yeux mordorés de Salomon fixent l'appareil fabuleux qui surfe sur les richesses et les misères du monde, puis ils me fixent moi qui l'observe lui frottant l'écran comme la lampe d'Aladin. « Je ne suis pas parti *à cause de* la pauvreté. Je suis parti *à cause de* service militaire. » Il appuie sur la locution prépositive, la répète, la découpe en syllabe « à-cau-se-de ». Il veut me montrer qu'il en a compris l'utilisation, et qu'il n'a pas oublié que je suis un « professeur ». Alors, je sors les tables de la loi et tandis que quelqu'un frappe à la porte, je le corrige : « À cause DU... À cause DU service militaire... »

— Bonjour, professeur.

C'est Sharokan qui entre (quinze minutes de retard). Il s'assoit, puis ressort parce qu'il a oublié son cahier.

— Le service militaire ? dis-je à Salomon.

Je voudrais savoir combien d'années il y a passées ou s'il a réussi à y échapper avant de s'exiler. Je voudrais aussi savoir pourquoi il est toujours à l'heure en cours. Mais on frappe de nouveau. Voici Abdou, suivi d'un homme aux cheveux blancs, qui vient pour la première fois, visiblement un Afghan, puis de Suleyman, son casque toujours vissé sur les oreilles, de Sharokan muni cette fois de son cahier, d'Ibrahim, de Filimon, de Saïdi, de Mohamed, de Karim, d'Aboubakar, de Yaya (si j'ai bien compris son prénom la dernière fois qu'il me l'a dit), de Fayçal, d'Ikram, de Khalid... Je range mon Smartphone, Salomon met ses sourcils en accents circonflexes en haussant légèrement les épaules, comme pour me dire : je te raconterai la suite plus tard, il n'y a pas le feu. Pendant la leçon, il manie les *à cause de* et les *parce que* avec une facilité déconcertante, mais toujours à propos de choses insignifiantes. « Je dors parce qu'il fait nuit. Il fait chaud à cause du soleil. » Chaque fois, il m'adresse des petits sourires, je n'arrive pas à décider s'ils sont ironiques ou complices.

« Prête le téléphone », me dit-il encore au cours suivant. À nouveau, le globe terrestre de l'application Google Earth sur mon écran. À nouveau, le planisphère qui se rapproche à toute vitesse. À nouveau le point rouge sur l'Érythrée. Et les doigts fins de Salomon qui me guident à travers des espaces inhabités et arides, des souvenirs de rivières bordées d'oasis lilliputiennes, des villages plantés d'arbres rabougris, ou des villes quadrillées de routes rectilignes. « Tu vas voir le service militaire. » Ses doigts bougent de plus en plus vite, ils m'entraînent vers le nord-ouest du pays, dans les basses terres de la région de Gash Barka, puis s'arrêtent sur un alignement de baraques rectangulaires. On croirait un gigantesque pénitencier. « Sawa », dit seulement Salomon. Sawa. Je n'ai jamais été en Érythrée mais je sais que la lampe magique affiche sous mes yeux un endroit où aucun étranger n'est autorisé à pénétrer. L'ancien camp d'entraînement du Front populaire de libération durant la guerre d'indépendance contre l'Éthiopie, devenue après l'indépendance le berceau d'une « nouvelle génération de citoyens » éduqués dans « l'amour de la patrie ». Salomon y est resté près de dix-huit mois. Il zoome sur l'un des hangars qui font office de dortoirs. Google Earth ne dit rien de la fournaise qui règne sous les toits de tôle ondulée (« entre 40 et 45 degrés, même la nuit »). Comme des milliers de filles et de garçons offerts à l'armée dès l'adolescence, Salomon y a été conduit en bus et pour une durée illimitée. « *Puisque* dans mon pays, le service militaire ne finit jamais. » Ou presque. Sawa n'est que la première étape d'un interminable embrigadement. Le conscrit reste mobilisable jusqu'à cinquante ans au moins. Quand il ne manie pas les armes, il peut être envoyé dans l'un des grands chantiers du président Issayas Afewerki. Il devient manœuvre ou fonctionnaire, domestique ou enseignant. Son avenir ne lui appartient plus, encore moins le choix de ses études ou de son futur métier. À Sawa, Salomon a passé, comme tous les conscrits, l'équivalent du baccalauréat. Il aimait les mathématiques (d'où sa passion pour la syntaxe ?), on lui a ordonné de s'orienter vers le métier de policier.

Google Earth ne dit rien non des sévices infligés nuit et jour dans ce camp, des brimades exercées pour un oui ou pour un non, du règlement qui n'a rien à envier à celui d'un bagne. Réveil dès l'aube au son des sifflets, marches harassantes dans le désert sous le soleil brûlant, lentilles bouillies pour seule nourriture, repas pris en silence, extinction des feux à 20 heures. Et toujours la crainte, si l'on ne pense pas comme il faut, d'être dénoncé par les mouchards. En Érythrée, la délation est institutionnalisée et les indics sont partout.

Salomon était affecté au bloc 22, avec cent cinquante autres jeunes hommes. Il se méfiait de tout, il savait qu'à la moindre incartade les punitions tomberaient : des coups de bâton, des après-midi entières agenouillé les mains derrière la tête, parfois le corps enduit d'eau sucrée pour attirer les insectes. Salomon n'exagère rien, il est même en dessous de la vérité. Tous ceux qui reviennent d'Érythrée décrivent un système concentrationnaire aux mains d'un parti unique (le Front populaire pour la démocratie et la justice), héritier des mouvements d'inspiration maoïste qui ont obtenu l'indépendance au prix du sacrifice et du sang. Aujourd'hui, le régime du président Issayas Afewerki, lui-même ancien rebelle, est à peine moins totalitaire que celui de la Corée du Nord. Éradication de l'opposition, arrestations arbitraires, rafles, tortures, exécutions sommaires, contrôle total de la population. Un seul mot peut vous envoyer dans des geôles infâmes. Parfois il suffit d'un regard. Ou même de rien du tout. Simplement d'être dans la rue lorsque l'armée chasse dans les rues d'Asmara ou dans les villages les plus retirés pour de nouveaux contingents de « serviteurs de la nation ». Afewerki, l'ex-« maquisard en sandales » qui promettait la révolution, prétend remodeler, à force de répression et d'endoctrinement, l'« homme nouveau ». Pour son plus grand profit (en Suisse, ses coffres sont pleins) et celui de la junte au pouvoir qui se partage les maigres richesses de l'un des pays les plus pauvres de la planète.

« Je suis parti *parce que* je ne veux pas être esclave dans mon pays », dit Salomon. Cette phrase me cloue et je ne pense plus à le féliciter pour sa parfaite maîtrise des conjonctions de coordination

Le 10 mars 2016, il a prétexté une envie d'uriner et a profité de la nuit pour sortir de son bloc, avec un autre conscrit devenu son ami, Calvin. Les semaines précédentes, les deux garçons avaient tout préparé, calculant les horaires de rondes, débusquant un passage par où s'enfuir. C'était décidé, ils quitteraient le pays. Ils avaient bien conscience qu'ils risquaient les travaux forcés ou la mort. Les gardiens du camp pouvaient tirer à vue et les tuer sur place, ou les arrêter et les envoyer pour de longues années dans des conteneurs métalliques transformés en prisons au milieu de nulle part. Et s'ils parvenaient à s'éloigner suffisamment de Sawa, il leur faudrait éviter les soldats de l'armée érythréenne qui kidnappent les déserteurs pour les revendre à des trafiquants d'êtres humains. Salomon et son ami Calvin feraient la fortune de leurs propres bourreaux. Car le régime d'Asmara ne recule devant rien, il parvient même à tirer des prébendes de l'exode d'une jeunesse (selon l'ONU, 5 000 Érythréens quittent chaque mois leur pays) qu'il pousse à s'exiler. Ce commerce génère des centaines de milliers de dollars dont une bonne partie atterrit dans les poches de généraux et de commandants de l'armée. L'Érythrée est un pays qui trafique ses propres citoyens. Salomon et Calvin avait une « chance » sur deux de se retrouver aux mains de groupes criminels dans le Sinaï qui les tortureraient avec du fil électrique ou en faisant fondre des sacs plastique sur le dos, pendant qu'au téléphone ils supplieraient leurs parents de verser une rançon. Entre 20 000 et 40 000 dollars. Sans quoi, on abandonnerait leurs cadavres au bord des routes, pieds et poings liés.

Ils sont partis, pourtant. Sans trop se charger de provisions. Le camp de Sawa n'est qu'à une vingtaine de kilomètres de la frontière soudanaise. Ils ont marché et ont remercié Dieu. « *Parce que* il n'y avait pas de lune dans le ciel », elle était masquée par les nuages. Ils ont pensé qu'ils pouvaient disparaître dans l'obscurité profonde, sous le nez des gardiens du camp. Et puis, au bout de quinze heures de marche, ils se sont perdus dans le désert. Le *khamsin*, ce vent de sable chauffé à blanc qui souffle dans le Sahel, s'insinuait dans leurs yeux, leurs bouches, craquelait leurs lèvres. Leur réserve d'eau était épuisée et ils tournaient en rond. Soudain, ils ont entendu un bruit au loin. Un bruit qu'ils pouvaient reconnaître entre mille, celui des moteurs de camions militaires. Ils se sont cachés dans un trou, en forme de grotte, entre deux rochers. Le soleil était au plus haut mais Salomon se souvient de n'avoir jamais eu aussi froid. « *En raison de* la peur. »

Quand le camion est arrivé à leur hauteur, ils se sont enfoncés un peu plus dans la crevasse de pierre. C'est à ce moment qu'un sifflement a vrillé leurs oreilles. Ils ont levé la tête et ont vu quelque chose bouger, dans une anfractuosité de la grotte. Calvin a étouffé un cri, sans bouger, le camion était encore trop près, puis il a mis ses mains sur son visage. Salomon a compris que la masse grouillante, au creux de la roche, était un nid de serpents cracheurs. L'un d'eux venait de projeter son venin dans les yeux de son ami. Quand les militaires se sont suffisamment éloignés, Calvin a hurlé.

Pendant cinq heures, il est resté aveugle. Salomon l'a guidé jusqu'à la nuit tombée, jusqu'à ce que tous deux se figent à nouveau. « *À cause des* hyènes. » Une bonne vingtaine les encerclaient, lui et Calvin. Ils se sont réfugiés sur un tas de cailloux et ont commencé à les bombarder de pierres... Dans la salle de cours, Salomon exécute un lancer avec son bras afin que je visualise la scène. « Base-ball ? » demande Sharokan en entrant dans la salle (le Polyglotte est presque toujours le deuxième à se présenter en cours). « Base-ball, professeur ? Vous jouez au base-ball ? » Il rit et Salomon rit aussi tandis que la salle commence à se remplir. Les retardataires arrivent. Quatre, puis six, puis dix. Je sais que d'autres viendront encore avant la fin du cours mais le « quota » est atteint. Il est 18 h 20, je peux commencer la leçon, renouveler le rituel : « Bonjour, je suis Marie, je viens du sud de la France, j'habite à Paris, et vous ? » Salomon, comme tous les autres, décline, pour la énième fois, son identité. Il ne manifeste aucun agacement même s'il a dépassé depuis longtemps ce stade d'apprentissage, même si cela fait vingt minutes qu'il attend. Le cours démarre. Cette fois encore, je n'aurai pas eu le temps d'éclaircir les raisons de sa ponctualité.

Chapitre 14

Dans la jungle des acronymes

D'autres professeurs bénévoles me disent : « Moi, je n'accepte plus aucun retard », « Moi, je ferme la porte dix minutes après le début du cours », « Moi, je les mets dehors au bout de trois absences consécutives. »

Je ne fais rien de tout cela. Je les autorise à s'asseoir même à 19 h 55, quand il ne reste plus que cinq minutes avant la fin. Je laisse toujours la voie libre aux retardataires, aux réveillés *in extremis* de la sieste, aux « désolé professeur, rendez-vous préfecture », aux « excuse-moi, Marie, métro pas marché ». Ce n'est pas par bonté d'âme. C'est par mimétisme. Et si indulgence – pitié ? – il y a, je la déverse d'abord sur moi-même. Comme eux mais avec infiniment moins d'excuses, je suis fâchée avec les horaires. Mon problème à moi c'est de croire que je peux arrêter les aiguilles de l'horloge, et même les reculer. Le coup de la panne de métro, je l'ai usé jusqu'à la corde. J'essaie toujours de rabioter des minutes, d'élargir les secondes. Une névrose de privilégiée. Si pour moi, le temps passe toujours trop vite, pour eux, c'est exactement l'inverse. Le temps se traîne. Il est en suspens.

Un jour que j'expliquais le vocabulaire météorologique – c'était l'été et le soleil brillait sur Paris –, Salomon a dit : « Ici, c'est brouillard, toujours brouillard. » Tous les autres ont approuvé et j'ai bien vu à quel point l'image du Roseau pensant leur parlait. Quelles que soient les saisons, leur temps est à la brume. Alors qu'avant leur arrivée à Jean-Quarré, il brûlait comme le feu ou les transperçait comme de la glace. Il trépidait. Maintenant, leur temps est si lent et si répétitif qu'il en devient confus. Il est un entre-deux sur un terrain vague, où leurs corps et leurs esprits, tendus par la lutte pour survivre puis pour fuir, se relâchent. Leur temps est à l'arrêt. Ils pourraient en profiter pour dormir, reprendre des forces, panser leurs plaies, arriver à l'heure à chaque cours, savourer chaque minute. Oui, ils le pourraient s'ils savaient quand le temps se décidera enfin à avancer. Car de cela au moins ils sont certains, c'est ainsi que cela va se terminer : par un soudain décollage et une brusque accélération. Au loin, dans le brouillard, il y a une date. Une date en forme de couperet ou de sas. Une date dont ils ne connaissent ni le jour ni l'heure mais que tous espèrent et redoutent à la fois. Celle du rejet ou de l'acceptation de leur demande d'asile. En résumé, si, pour moi, le temps est du vif-argent qui file entre les doigts, pour eux, il est figé et sans promesse de repos. Bref, c'est un tyran doublé d'un sadique. Un beau salaud.

Je sais maintenant comment il joue avec eux pendant au moins quatorze mois (la durée moyenne de l'examen d'une demande d'asile en France). Avant le jour J, il leur impose des dates intermédiaires qui étirent un peu plus leurs journées. Il les envoie de convocation en convocation. Et ces rendez-vous sont tous assortis d'acronymes qui claquent comme des tampons à la police des frontières – HUDA, PADA, GUDA, OFFI, EURODAC, DNA, ADA, CADA, CAO, CHU, CRA, OQTF. La langue française, pour Sharokan et tous les autres, ce n'est pas la beauté des mots que l'on s'offre en partage mais d'abord une série de sigles qui opacifient un peu plus le nouveau monde où ils doivent s'orienter. À la manière du linguiste d'*Épépé* qui m'avait tant traumatisée, les exilés de Jean-Quarré flottent dans un temps immobile et cruel, et dans un espace rempli de lettres inamicales, toujours synonymes d'une nouvelle attente. Voilà pourquoi ils ont l'air épuisé, même s'ils ne font pas grand-chose à part patienter.

HUDA, hébergement d'urgence pour demandeurs d'asile. C'est là qu'ils ont d'abord essayé d'entrer quand ils sont descendus, gare de Lyon ou gare de l'Est, du train en provenance d'Italie ou d'Allemagne où ils avaient embarqué sans payer. À cette époque, je ne les connaissais pas encore. Mais aujourd'hui, ils me racontent, par petits bouts, leur ruée vers le centre humanitaire de « pré-accueil » de la porte de la Chapelle. Un chapiteau jaune et blanc en forme de soucoupe volante. La maire de Paris venait, après des mois de négociations, d'arracher au gouvernement l'autorisation de l'installer. Capacité 450 places, séjours de cinq à dix nuits maximum. Une centaine de migrants affluaient alors chaque jour dans la capitale. La soucoupe était prise d'assaut.

Aldon le Footballeur a battu un record, il n'a attendu que quarante-huit heures devant cet ovni bicolore parce qu'il a eu la bonne idée de se mettre dans la file des mineurs – prioritaires – et de se rajeunir d'un an. Suleyman le Musicien, lui, n'a pu y pénétrer qu'après une intervention de la police qui a dégagé de la place pour une centaine de Soudanais. Les Afghans étaient alors les plus nombreux sous la bâche et, si l'on en croit Suleyman, « ils ne voulaient pas dormir avec des Noirs ». Six mois plus tard, le rapport de forces semble s'être inversé ou alors le chapiteau était juste plein : Sharokan le Polyglotte, bien qu'originaire d'Afghanistan, n'a pas pu monter à bord. Il est allé camper quelques mètres plus loin, sous le périph, entre les poux, la gale et les ordures, nourri par des bénévoles, se lavant dans les bains-douches municipaux et gratuits du boulevard Ney. Il y est resté plus de deux mois.

Colère a passé presque autant de temps sous la ligne 2 du métro à Barbès, Jerry Lewis et Abdou le Doux, c'était au jardin d'Éole, dans le 18e arrondissement, et la Flèche sur le quai de Jemmapes dans l'arrondissement voisin. Ainsi se dessine la carte du Paris des migrants. Ici les

Africains, là les Afghans. Très vite, des « anciens » leur ont dit : « Il faut aller au PADA. »

PADA, « plate-forme de premier accueil pour remplissage de formulaire. Enregistrement préalable avant le dépôt de toute demande d'asile. Obligatoire. Adresse : 127, boulevard de la Villette, métro Jaurès. Attention, attente à prévoir. »

Ils n'imaginaient pas à quel point. Suleyman a dormi quatre jours sur place, avant de pouvoir pénétrer dans ce bureau, pompeusement baptisé Plate-forme par l'État qui s'est déchargé de sa gestion, comme pour toutes les autres responsabilités qu'il n'assume pas, sur France Terre d'asile. Aldon s'est fait gazer par la police dans un mouvement de foule. Tous sont revenus plusieurs fois de suite, à l'aube ou à la nuit tombée. Ils ont joué des coudes pour être parmi les premiers dans la queue, puis des poings pour garder leur position. Au moment où ils ont cru enfin franchir le seuil, vers onze heures ou midi, ils ont vu tomber le rideau de fer sur ceux qui avaient eu plus de chance qu'eux. Fini pour aujourd'hui, nous avons fait le plein, revenez demain. PADA comme Premiers Arrivés premiers accueillis. Les salariés de l'association ne peuvent pas faire autrement. Ils sont dépendants du nombre de rendez-vous quotidiennement accordés et imposés par les préfectures d'Île-de-France soit une centaine par jour à l'époque (depuis les pouvoirs publics ont fait savoir qu'un changement de système était « envisagé », prise de rendez-vous par téléphone notamment, et transfert du site dans des locaux plus vastes). PADA comme Place-forte Assiégée, par des centaines de femmes et d'hommes qui ne se lavent plus, qui se couchent sur des matelas de fortune ou sur des trottoirs empestant l'urine, entre les forces de l'ordre débordées, les riverains effarés, slalomant avec leurs poussettes, pour éviter les cartons, les déjections, les commerçants excédés, certains menaçant de s'armer d'un fusil si le « gouvernement continue à ne rien faire ». PADA, Paris 10e Arrondissement, Année 2017, j'ai été voir, c'est indigne

Lorsque mes futurs « élèves » (je m'étais juré de ne pas utiliser ce mot) ont enfin été reçus, ils ont donné leur état civil, indiqué leur itinéraire de voyage depuis leur pays d'origine, les pays d'Europe qu'ils avaient traversés. Ils ont posé devant une webcam pour quatre photos d'identité. Ces informations, dûment répertoriées, leur ont ouvert un accès à l'étape suivante. Le GUDA.

GUDA, « guichet unique » rassemblant les services de la préfecture et ceux de l'OFII, l'Office français de l'immigration et de l'intégration. « Prière de vous munir de votre numéro d'enregistrement PADA. Délai d'attente réglementaire avant rendez-vous : trois jours, dix jours en cas de forte affluence. »

Le temps évidemment – ils en avaient l'habitude désormais – les attendait au tournant, piétinant allègrement les « réglementations » et les instructions officielles. Deux mois, parfois trois, se sont écoulés avant qu'ils ne puissent présenter leurs dix doigts aux fonctionnaires du ministère de l'Intérieur en poste au GUDA. Leurs empreintes prises, elles ont été aussitôt entrées dans le fichier EURODAC. EURO comme « Europe », DAC comme « données dactyloscopiques ». Un simple clic a permis de vérifier s'ils avaient déjà laissé leurs traces digitales dans un autre pays de l'UE, avant d'arriver en France. C'était le cas pour tous ou presque. Sharokan en Hongrie, Salomon, ou Aldon en Italie, Saïdi en Bulgarie. Il leur a été aussitôt dit par les agents que leur dossier ne serait pas traité en « PN » (procédure normale) mais en « procédure Dublin ». Et tout aussi vite, ils ont compris que cela n'augurait rien de bon. Mais ils ont seulement voulu retenir qu'ils étaient devenus officiellement des demandeurs d'asile, un document en faisait foi. Un « récépissé ». Il n'était valable que trente jours et devait être renouvelé tous les quatre mois jusqu'à ce que la France décide ce qu'elle allait faire d'eux. Mais comme il s'agissait de leur premier vrai papier au sceau de la République française, ils répètent désormais à tout bout de champ ce mot qui, pour moi, a des effluves notariaux. Récépissé. Récépissé... Du latin *récipé,* avoir reçu.

Au GUDA, on leur a donné leur ADA.

ADA, allocation de demandeur d'asile. 6,80 euros par jour, donc 204 euros par mois (par comparaison le montant brut du SMIC mensuel est de 1 498,47 euros), disponibles grâce à une carte de retrait (maximum trois retraits par mois, pour un montant de 68 euros). On leur a dit aussi qu'ils avaient droit à la couverture maladie universelle.

Ensuite, on les a inscrits au DNA.

DNA. Dispositif national d'accueil. Système d'hébergement mis en place par les pouvoirs publics, puis délégués à des associations ou à des partenaires privés. Nombre de place : 74 000. Nombre de demandeurs d'asile comptabilisés par les préfectures : 115 000. Taux d'occupation : 100 %.

Il ne suffisait pas d'être inscrit pour bénéficier d'un abri. Ils devaient attendre qu'un lit se libère dans le « dispositif » saturé. Quelque 6 000 places supplémentaires avaient été promises par le gouvernement mais elles n'existaient encore que sur le papier. L'État avait déjà rouvert d'anciens hôtels Formule 1, de vieux foyers Sonacotra, des bâtiments abandonnés dans des villages désertés mais, depuis la crise migratoire de 2015, tout était plein et tout l'est encore aujourd'hui :

— Les AT-SA (accueil temporaire Service de l'Asile) temporaires comme leur nom l'indique.

— Les CADA (centres d'accueil de demandeurs d'asile) plus pérennes mais tout aussi engorgés.

— Les CAO (centre d'accueil et d'orientation) mis en place, un peu partout en France, après le démantèlement de la « jungle » de Calais.

— Et tout au bout de la chaîne, les CRA (Centre de rétention administrative) où sont enfermés dans l'attente de leur expulsion les ESI (étrangers en situation irrégulière, dont les déboutés du droit d'asile) qui se sont vu signifier une OQTF (obligation de quitter le territoire).

Mes « élèves » (sic), depuis qu'ils ont retiré leur récépissé au GUDA,

Vivent tous dans la crainte de terminer un jour dans un CRA.

Ça rime. Pauvrement, mais ça rime et ça rythme aussi leur temps, sans autres limites que les sigles et les dates. Ça rythme et puis parfois ça mine, leur sommeil, leur capacité à arriver à l'heure – à quoi bon ? –, leur envie d'apprendre le français – pour quoi faire ?

L'ex-lycée Jean-Quarré, où ils espèrent leurs papiers, est, lui, étiqueté CHU (centre d'hébergement d'urgence), même si certains de ses résidents y sont depuis deux ans. J'ai moi-même du mal à me retrouver dans cette forêt de sigles et j'ignore les raisons qui ont présidé au choix de ce label. En revanche, je sais que Sharokan, Suleyman ou Abdou auraient pu plus mal tomber. Ce centre est l'un des rares en France à proposer, en plus des cours de français, une « offre culturelle ». C'est Tiphaine qui s'en occupe. La jeune femme aux yeux bleus qui m'avait accueillie le jour où je suis venue proposer mes services. Il m'avait semblé voir alors, au-dessus de sa tête, comme une bulle de bande dessinée qui disait : « Encore une qui a pris de bonnes résolutions pour la nouvelle année et qui nous plantera dans un mois. » Si l'envie m'en avait prise, son énergie m'en aurait, j'en suis sûre, dissuadée. Avec l'aide de Kelvin, Nigérian mariée à une Française et diplômé de Sciences Politiques dans une université de New Delhi, et tout aussi infatigable qu'elle, Tiphaine court partout pour obtenir des tarifs réduits ou gratuits dans les théâtres, organiser des sorties sportives, des ateliers de danse, de musique, de peinture, de théâtre.

C'est émouvant autant qu'étrange de voir tous ces demandeurs d'asile dans cette panoplie d'activités. Suspendus à une décision administrative, peut-être bientôt expulsés, multipliant les allers et retours dans les services préfectoraux ou dans les permanences juridiques des associations d'aide aux migrants mais assistant à des spectacles à la Villette ou au Châtelet, s'initiant au *street art* ou à la boxe, à la natation, au yoga. La France solidaire les amène voir Bartabas, la France administrative leur impose d'aller retirer une fois par semaine leur courrier (documents à signer, à remplir, à renouveler) dans un bureau *ad hoc*. Jean-Quarré n'est pas leur adresse. En fait, ils n'ont pas d'adresse, juste une boîte postale. Ne pas savoir où on habite, l'expression prend ici tout son sens. Ils sont seulement hébergés. À quatre par chambre, des chambres parfaitement rangées alors que, Tiphaine le leur fait tous les jours remarquer, ils prennent moins soin des parties communes. Les visites sont autorisées de 14 heures à 19 heures, mais comme dans n'importe quel pensionnat, ces consignes ne valent que ce que valent les règlements intérieurs, c'est-à-dire pas grand-chose. De même, les trois repas servis au réfectoire n'empêchent pas quelques popotes privées qui font sauter les plombs ou déclenchent des alarmes incendie auxquelles plus personne ne prête attention. Il y a des disputes parfois, des soirées qui se terminent mal parce que les uns veulent de la musique afghane et les autres des rythmes soudanais. Mais la plupart du temps, tout est calme. D'un calme remarquable.

Est-ce que ce calme m'apaise ? Cela fait maintenant près d'un an que je viens ici tous les lundis et tous les mercredis. Excepté pendant les vacances, je n'ai jamais été absente, y compris les jours fériés. Je me suis fixé la régularité comme ligne de conduite (le Grand Inquisiteur : *comme avec un analyste qui t'imposerait deux séances par semaine ?*). La régularité pour eux qui avancent dans le brouillard. Et, oui, la régularité pour moi aussi. Rendez-vous bihebdomadaires avec d'autres vies que les nôtres. Désormais, presque à chaque cours, je retrouve la même petite équipe. Le Musicien, le Polyglotte, le Roseau ou le Footballeur. Un pack, un noyau dur. Un socle. Étonnant. Ce sont des déracinés et pourtant ils m'ancrent.

Chapitre 15

T'Choupi

Note griffonnée le soir de mon anniversaire après ma leçon avec Ibrahim le Sage :

Ils seront mes ethnologues autant que moi le leur.

Il n'est pas question de les raconter eux si je ne me raconte pas moi. Au moins un peu.

Il y a pourtant certains épisodes que j'aurais préféré passer sous silence. Celui-ci par exemple :

Un lundi, Sharokan et Omar me demandent des livres. Pas des manuels de grammaire, pas des dictionnaires. Non, « des histoires faciles à lire », dit le premier. « Avec des images », me fait comprendre le deuxième. À vrai dire, j'y avais déjà pensé puisqu'il n'y a rien de mieux que de se laisser emporter par une histoire pour laisser infuser le langage. Mais une bénévole, prof dans le civil, m'avait mise en garde : « Je suis contre tout ce qui peut infantiliser les réfugiés. »

De retour chez moi, j'ouvre malgré tout les cartons aux souvenirs. Les romans pour ados ? Trop compliqués. Mes vieux *Fantômas* ? Idem. Et Omar voudrait des images. Un album pour les tout-petits ? Non quand même pas. Il faudrait quelque chose qui soit entre tout ça. Par exemple un polar ou un best-seller de la littérature dite « populaire », mais illustré et purgé de toutes complexités lexicales. Au cours suivant, le mercredi, je dis à Sharokan et à Omar : « Je n'ai pas trouvé, mais je continue à chercher. » Les jours d'après, j'écume plusieurs librairies. Au rayon adulte, mon mouton à cinq pattes n'existe pas. Au rayon jeunesse, non plus. Et au rayon « apprentissage de la lecture », c'est presque pire. *Tourbillonner, virevolter, berge, ensommeillé, féerie, cygnes, rouet, empoisonnée, nains, chevillette, petit pot de beurre.* Toutes les « histoires faciles à lire » se parent de mots difficiles. J'en feuillette une bonne cinquantaine, y compris dans la catégorie cinq-sept ans, et je n'en vois pas une qui ne fait pas concours de vocabulaire. Le Polyglotte a beau dévorer le dictionnaire, les « histoires faciles à lire » sont également écrites à l'imparfait ou au passé simple et il se débat toujours avec les conjugaisons du présent. Quant à Averel, n'en parlons pas.

Le cours du lundi se rapproche et je n'ai toujours rien trouvé. Le jour dit, à 17 h 45, me souvenant du rayon livres de Monoprix où je laissais mes enfants pendant que je remplissais le caddie, je fais un léger détour par le supermarché. C'est là que je tombe en arrêt devant T'Choupi, le bébé pingouin qui m'a toujours horripilée. Sauf que : présent de l'indicatif, phrases ultra simples, mots usuels. La perle rare. Hélas, la collection est incomplète. Sur les présentoirs, il ne reste que *T'Choupi cherche les œufs de Pâques*, *T'Choupi va sur le pot* et *T'Choupi a perdu son doudou*. Je choisis le dernier et je franchis la porte de Jean-Quarré, le livre planqué au fond de mon sac comme si je passais de la contrebande. Pendant tout le cours, je ne fais pas la fière. On dirait que Sharokan et Omar le sentent. Ils sont plus rigolards que d'habitude. À 20 h 15, au moment où les deux Afghans s'apprêtent à quitter la salle de classe, je finis par ouvrir mon cabas en bredouillant :

— C'est un livre pour les bébés. Je suis désolée.

— Non, c'est bien, dit Sharokan.

Il n'a pas encore vu la tête du pingouin, toujours tapi dans un coin du baluchon qui me sert de sac à main.

— Mais il est facile à lire, ça peut vous aider à apprendre des mots, dis-je en sortant enfin la bestiole.

Les deux Afghans éclatent de rire, puis me remercient chaudement.

Dans les semaines qui ont suivi, Omar est revenu à chaque cours *T'Choupi* sous le bras. Quand il a quitté Jean-Quarré, après son transfert dans un autre centre dans le sud de la France, il m'a demandé s'il pouvait l'emporter avec lui.

Chapitre 16

L'imprimeur

Tous les jours, ou presque, je me promets d'aller à Champigny-sur-Marne. Une heure par le RER depuis la place des Fêtes, ce n'est pas loin. Je voudrais lire une lettre. Une lettre écrite à sa mère par le jeune homme qui a donné son nom à l'ancien lycée d'enseignement professionnel, puis à cet îlot improbable où accostent aujourd'hui d'autres jeunes hommes venus du bout de la Terre. La lettre, m'a dit un connaisseur du quartier, est conservée dans un petit hôtel particulier dépositaire de la mémoire d'autres hommes encore, jeunes ou vieux, et de femmes aussi, de tous âges, le Musée de la Résistance nationale.

Jean Quarré avait vingt-deux ans quand il a été fusillé par les Allemands. Il était imprimeur, communiste et résistant, membre des Bataillons de la Jeunesse, ces groupes clandestins recrutés par le Parti communiste et lancés à l'assaut des occupants nazis. Enfant du 19e arrondissement, il a été à l'école primaire de la rue des Bois, il a travaillé comme imprimeur, un peu plus bas, rue David-d'Angers, dans une fabrique de cartes à jouer, puis rue de Flandres dans une sucrerie. Tout cela tient sur quelques kilomètres carrés. Le vieux monsieur qui m'a parlé de sa lettre d'adieu est un historien du dimanche qui a chez lui une impressionnante collection d'opuscules et de brochures sur les hauts de Belleville. De Jean Quarré, il m'a montré une photo, en noir et blanc, découpée dans une revue amateur consacrée aux résistants du quartier. Le jeune homme regarde droit dans l'objectif. Front large et chevelure noir de jais jetée en arrière, traits volontaires. Un air de Jean Gabin mâtiné de Gérard Philipe. À son cou pend une pancarte avec une date, 25 février 1942, et un numéro : 815234. C'est un cliché anthropométrique pris lors de son arrestation, par les Brigades spéciales de la préfecture de Paris, commando de police au service du régime de Vichy spécialisé dans la traque aux « ennemis intérieurs », les prisonniers évadés, les réfractaires du STO et bien sûr les communistes. Les « BS », qui eurent pour chef Fernand David, surnommé « David les mains rouges », dépendaient de la Direction centrale des Renseignements généraux et travaillaient en étroite collaboration avec les bourreaux de la Gestapo auxquels elles livrèrent Jean Quarré après l'avoir elles-mêmes torturé.

Avec un petit groupe de camarades, presque tous aussi jeunes que lui, l'imprimeur avait lancé des engins explosifs sur La Chope de Montmartre, un restaurant réquisitionné de la rue de Châteaudun qui servait de cantine à la Feldgendarmerie. Parmi toutes les actions qui lui étaient reprochées, c'était la seule menée en dehors des limites de son arrondissement. Toutes les autres, en tout cas celles qui étaient connues des polices françaises et allemandes, restaient « circonscrites dans le 19e », m'a précisé le vieil historien. Distribution de « tracs ronéotypés » rue du Docteur-Potain (en face du centre d'hébergement), lancers de pavés dans une officine collaborationniste du marché Secrétan ou de grenades sur une unité défilant au pas de l'oie rue de Crimée.

Le 7 avril 1942, les juges ont ouvert son procès aux vociférations de « Heil Hitler ». C'était un simulacre de justice mais qui se voulait à grand spectacle, la presse y avait été invitée, un caméraman filmait à des fins de propagande. Jean Quarré comparaissait avec 26 autres membres des Bataillons de la Jeunesse. Ils devaient tous répondre d'une trentaine d'actes « antifrançais et antiallemands » : assassinats ou tentatives d'assassinat d'officiers de la Kommandantur ou de la Luftwaffe, attaques contre des convois militaires ou des trains de permissionnaires en partance pour l'Allemagne, sabotage de rails ou de câbles de transmission, arrosage d'une permanence de Marcel Déat au pistolet automatique, jets de cocktails Molotov sur des librairies acquises au IIIe Reich et à Pétain, incendies d'hôtels, de cafés, de maisons closes qui servaient la soupe à l'occupant. Le Lido aussi, sur les Champs-Élysées, avait été une cible, mais l'action n'avait pas été menée à son terme. Les accusés ont tout revendiqué, que certains faits leur soient faussement attribués ou pas. Et au moment du verdict, lorsque vingt-cinq d'entre eux ont été condamnés à mort, ensemble, ils ont crié : « Vive la France. » Ils sont sortis de la Maison de la Chimie, un a un, pour monter dans le fourgon qui devait les amener au mont Valérien où ils seraient fusillés. Le « reporter » allemand filmait toujours. Le vieil historien m'assure avoir vu ces images : quand

Jean Quarré est arrivé devant la caméra, il a souri et il a tiré la langue.

Je ne sais pas quoi faire avec tout ça. C'est trop. Trop de symboles. Trop de raccourcis tentants. Les demandeurs d'asile, les résistants. Des exilés qui prennent des cours de langue et un jeune héros qui tire la langue. Des migrants qui écrivent sur leurs petits cahiers et un imprimeur qui prend les armes. Et moi avec mes voyelles et mes consonnes, mes vocalises, mes « en France, quand on ne connaît pas les gens on leur dit vous », mes interrogations perpétuelles, mes allergies au manichéisme, aux comparaisons faciles, à la grandiloquence, et T'Choupi au milieu. Je ne sais quoi faire avec ce fatras, alors pour le moment je le pose là.

Chapitre 17

La méthode

Le printemps s'achève et je ne l'ai pas vu passer. À la mi-août, je partirai pour trois semaines. Je viens de l'annoncer en classe avec un vague sentiment de culpabilité, sans oser préciser ma destination. Les Pouilles, la côte Amalfitaine, Naples. Cap vers la beauté, la profusion de couleurs, la fête des saveurs. L'Italie. Pour moi, une parenthèse délicieuse. Pour eux, un rivage qu'ils ont atteint à bord de chambres à air flottantes, des camps de transit surpeuplés et construits dans l'urgence… Je leur ai menti : « Je vais me reposer dans le Sud. » Même le mot *vacances*, je n'ai pas réussi à le prononcer. Mes circonvolutions étaient une insulte à l'intelligence. Je leur parlais comme à des enfants ou à des malades en phase terminale. Ils n'ont pas été dupes.

« Tu y vas en voiture ? » a demandé Sharokan. Il m'a rappelé combien les routes étaient embouteillées à cette période de l'année. Il se souvenait des gaz d'échappement quand, pour rallier la France, il avait traversé à pied le tunnel de la Giraude entre Vintimille et Menton, en prenant garde de ne pas se faire écraser comme cela était arrivé à d'autres migrants. « Fais attention aux accidents », a ajouté Suleyman. « Moi souhaite à toi bonnes vacances », a conclu Abdou. Les autres ont approuvé en chœur : « Oui, bonnes vacances Marie. » « Mais, je ne pars pas tout de suite ! » ai-je dit. À la fin du cours, pourtant, ils ont voulu que nous fassions une photo de groupe (de classe ?). Et ils m'ont tous demandé si j'allais revenir à la rentrée.

En rentrant chez moi, j'ai lu les fiches que Guillaume, le comédien qui anime l'atelier théâtre, m'a transmises sur une clé USB :

« Le réfugié n'a pas seulement besoin de mots et de phrases… Dans l'approche que nous préconisons, le lien entre le bénévole et l'apprenant est très important… Il est souvent difficile à approfondir car les réfugiés vont et viennent… Mais ces relations, même de courte durée, montrent au nouveau venu qu'on le respecte et l'estime… C'est pourquoi nous n'utiliserons pas le mot *enseignant* mais *parrain*. Un parrain étant celui qui présente, introduit quelqu'un dans un cercle, ou une société. »

Je ne sais pas où Guillaume est allé pêcher ce texte, qui me semble frappé au coin du bon sens, mais ses auteurs font plusieurs recommandations aux « parrains » (et, je présume, marraines) : 1/ mettre de côté les leçons de grammaire. 2/ s'attacher d'abord au lexique des situations ordinaires (se présenter, se repérer, s'informer, acheter, etc.). 3/ parler beaucoup avant de faire parler, pour habituer l'oreille de son auditoire. 4/ introduire un mot après l'autre sans jamais omettre de répéter les précédents et en les reliant à chaque fois à des gestes, des actions (marcher, se lever, sortir), des jeux de rôles, des images.

Mais j'ai appliqué ces règles avant de les connaître !

Évidemment, puisque ces règles sont « naturelles » ! Les fiches de Guillaume font référence dans une note de bas de page à une méthode nommée TPR soit *Total Physical Response* que l'on peut traduire en français par « Réponse physique totale ». Cette méthode (applicable, dit la note, à tous ceux qui apprennent une nouvelle langue, qu'ils soient migrants ou non, enfants ou adultes) a été théorisée par James Asher, chercheur et professeur émérite de l'université de San José, en Californie. Je ne remercierai jamais assez Guillaume de m'avoir aiguillée sur cette piste. En consultant quelques-uns des travaux du professeur Asher, j'ai mieux compris pourquoi j'ai toujours été si rétive à l'apprentissage des langues étrangères. Et pourquoi, malgré cette défaillance, je prends autant de plaisir à donner des cours à Jean-Quarré.

James Asher part d'un principe simple. Le processus d'acquisition de la langue maternelle se fonde sur une série d'interactions entre les parents et leur enfant. En gros, papa et/ou maman parlent, et bébé cligne des yeux, sourit, pleure, agite les mains. Bébé réagit par une « réponse physique totale ». Et bien qu'il ne parle pas encore, s'imprime en lui une sorte de carte linguistique. Car son cerveau et son système nerveux seraient, selon Asher, « biologiquement programmés » pour acquérir le langage dans cet « ordre » originel (écouter avant de parler) et sur ce « mode » (la synchronisation entre le corps et la parole). En silence, l'enfant intériorise les sons et les structures de la langue. Une fois qu'il les a suffisamment décodés, la parole jaillit spontanément. Simple. Efficace. « Naturel », si l'on en croit toujours le professeur Asher. Pour apprendre facilement une langue étrangère, dit-il, il suffit de réveiller des mécanismes endormis.

Sa TPR donne la priorité à la partie de notre cerveau qui a été la plus stimulée quand nous babillions dans les bras de nos parents : l'hémisphère droit, chargé des activités motrices et auditives. Cet hémisphère, qui est aussi le siège de l'émotion et de l'instinct, a toujours été déprécié par les sciences éducatives qui lui préfèrent son voisin de gauche, dit « dominant » parce que détenteur de la logique et du raisonnement et donc garant de ce qui différencie l'homme de l'animal, à savoir, justement, le langage. Cette survalorisation du côté gauche de notre cerveau est une grave erreur, dit en substance Asher. Oublions cet hémisphère arrogant, au moins dans le premier temps de l'apprentissage. Et chouchoutons (je résume) son collègue de droite, si sensible et créatif. Depuis notre naissance, il a développé une foule de compétences pour nous faciliter la tâche si nous nous mettons à l'italien, au russe ou à l'arabe. Il perçoit les sons, la musique, la prosodie. Il sait appréhender la totalité à partir d'un détail. Par exemple, grâce à lui, nous fredonnons un air connu dès l'écoute des premières notes. Il reconnaît aussi les gens à leurs visages, il traduit le langage corporel et émotionnel, les gestes, les postures, le rythme d'une voix. Bref, il gère tout ce qui a permis à un petit enfant d'apprendre à parler *naturellemen*t, sans effort, et surtout sans stress.

Le stress, voilà le principal ennemi des cours de langue, dit encore le professeur de San José. Et lisant ces écrits, je pense évidemment à Abdou le Doux qui rougit quand j'essaie de le sortir de sa coquille. À Aymal, ce jeune Afghan qui vient d'arriver et qui perd tous ses moyens dès que je lui donne la parole. Ou à Mme Pefourque, ma prof d'anglais en 5e, une femme impressionnante – tout était grand chez elle, ses dents, ses mains, ses pieds, ses oreilles aussi larges que celles du prince Charles. Je la revois nous faisant défiler au tableau pour nous infliger des exercices de phonétique. Et je me revois, moi, la langue sous les incisives ne parvenant jamais à prononcer correctement le « th ». Ou essayant de réciter par cœur le trajet qu'il fallait emprunter à Londres (où je n'avais jamais mis les pieds) pour aller de Buckingham Palace à Saint-Paul Cathedral. « *Cathhhhedral* », me reprenait à chaque fois Mme Pefourque qui avait décidé de nous farcir la tête avec le plan de la ville, monument par monument, parce que, disait-elle, « Hitler l'avait lui-même appris par cœur quand il préparait ses projets d'invasion ».

No stress, donc. C'est l'avantage de l'hémisphère droit. En le sollicitant, nous mobilisons les réflexes de l'apprentissage originel, sans douleur (sauf expérience traumatique ou maltraitance parentale), sans esprit de compétition, sans honte, nous faisons ressurgir dans nos limbes cérébraux le souvenir du dialogue « non verbal » qui nous unissait à nos parents. Comment titiller ce doux hémisphère droit ? En nous replaçant, dit Asher, en position d'« écoute » comme dans notre petite enfance, puis en associant le « dire et le faire » pour synchroniser la « parole et le corps » puisque nos neurones ont pris l'habitude de fonctionner ainsi dès que nous avons poussé notre premier soupir. Ainsi, il faudrait toujours commencer par ménager aux « apprenants » un temps suffisamment long de « mise en oreilles » pour qu'ils enregistrent des schémas intonatifs. Précipiter « la phase de production verbale » peut nuire au « développement lexical », prévient encore Asher. La meilleure chose à demander aux novices serait donc d'abord de se taire. Cela ne signifie pas pour autant qu'ils restent inactifs, ni que leur enseignant se tourne les pouces pendant qu'un magnétophone ou un appareil vidéo travaille à sa place, comme souvent dans les laboratoires de langue. Au contraire, chacun paie de sa personne. Et le corps tout autant que l'esprit participe. L'enseignant doit non seulement parler mais « donner des consignes » (comme le font les parents avec leur enfant). Et aussi bouger, mimer, manipuler des objets ou des images. À l'apprenant, il est seulement demandé de comprendre ces consignes et d'y réagir physiquement, d'« effectuer une action ». Ce n'est qu'une fois passé cette période d'« imprégnation » qu'il pourra se risquer au stade de « l'énonciation en confiance ». Les mots qu'il a entendus plusieurs fois, sans en saisir la signification (son « vocabulaire passif ») vont remonter petit à petit à la surface de sa mémoire pour devenir « actifs ». D'où la nécessité de les répéter, aussi souvent que possible. Au moins cinquante fois en une heure, alors que beaucoup de professeurs se contentent de les faire entendre deux ou trois fois, déplorent les adeptes de la TPR. Selon eux, il faut cependant introduire peu de mots à la fois. Douze par leçon est la bonne moyenne. Chaque douzaine s'ajoutant à une autre et devant « être renforcée, cours après cours par les activités ludiques des divers exercices ».

Est-ce que Guillaume a lu les théories du professeur Asher ? Lors du dernier atelier théâtre, il a installé une table et une chaise au milieu de la pièce et nous a montré le jeu du « dessus-dessous » en alliant le geste à la parole. « Je pose mon stylo *sur* la chaise, je le mets *dessous*. Je me cache *sous* la table. Je m'assois *dessus.* » Pareil avec *derrière, devant, à côté, à droite, à gauche.* Pour ma part, avant d'avoir eu vent de la TPR, j'ai improvisé la « danse des ordres » que je réitère dès que l'occasion s'en présente. « Suleyman, asseyez-vous sur la chaise », « Abdou, ouvrez la porte », « Sharokan, donnez le téléphone à Omar. » Puis, chacun à leur tour, ils prennent les commandes et nous obéissons, les uns après les autres. Ce n'est pas une idée de génie mais je me suis souvent demandé pourquoi elle fonctionnait aussi bien. Je sais maintenant. Hémisphère droit. Dès mes premiers cours aussi, j'ai renoncé aux listes de vocabulaire ou aux exercices tout prêts proposés par les manuels que d'autres bénévoles utilisaient dans leurs classes. Je me suis mise à parler en bougeant et depuis je n'arrête plus. Je dessine au tableau, je montre des images ou des photos. Je jacasse, je radote, je ressasse chaque mot, chaque expression typique du français, chaque locution indispensable à la conversation, chaque verbe essentiel jusqu'à plus soif, pendant le cours et dans ceux d'après. Quant à la grammaire, je l'introduis en douce. Aldon dit : « J'aime le football. » Comme un diable qui sort de sa boîte, je le coupe :

— J'aime. C'est le verbe ?

— Aimer, répondent Aldon et les autres.

— Qui se termine par ?

— ER.

— Donc, j'aime. Tu… ?

— … Aimes, il ou elle aime, nous aimons…

Et cætera. Si la semaine suivante, Suleyman dit : « J'aime la confiture », je prends à nouveau ma baguette de chef d'orchestre : « J'aime, tu… ? », jusqu'à « ils ou elles aiment ». Puis pour mieux faire passer l'amère potion grammaticale, et puisqu'il est question d'amour, je fais appel à leurs affects, sensations, sentiments, gourmandise. Qu'est-ce que vous aimez ? Et moi, qu'est-ce que j'aime ? De *confiture* je vais jusqu'à *chocolat* tandis qu'ils allongent la liste avec *musique, amis* ou *liberté*. À *aimer* j'ajoute *beaucoup, un peu, pas du tout*. Ou alors *détester* suivi d'*épinards* ou de *guerre*. Je digresse, je divague. Je les enveloppe de consonnes et de voyelles. Je les imbibe – les saoule ? – de paroles. À travers la langue s'exprime une forme de maternage, m'a dit une psychanalyste. Ce serait seulement ça, alors ? Je les materne ? Je cherche à retrouver à travers eux cette agréable sensation de toute-puissance que me renvoyaient mes enfants quand ils ne savaient pas parler ? *Tu peux aussi renverser la proposition*, me souffle le Grand Inquisiteur, *ce sont « tes élèves » qui te maternent.* Dans ce cas, je réparerais avec eux les ratés du « dialogue originel » – pour parler comme le professeur Asher – que j'ai eus avec mes propres parents ? *Oui, creuse cette hypothèse.* D'accord mais de quels ratés s'agit-il ? Et de quoi se souvient mon hémisphère droit ?

Sans doute de la voix de ma grand-mère. C'est avec elle, un jour que j'avais été confiée à sa garde, que j'ai prononcé mes premiers mots. En basque. Ma grand-mère le savait bien mieux que le français. Lorsque je suis entrée à la maternelle à l'âge de deux ans, à Toulouse où nous avions déménagé, la maîtresse a convoqué ma mère. Elle voulait savoir si je souffrais d'une pathologie particulière. Je ne cessais de répéter en pleurant : « *Amatto*, *Amatto* » (« petite maman »). Cet épisode m'a été rapporté, je ne me souviens de rien. Je ne me souviens pas non plus d'avoir accédé à la parole à travers le basque. Celui de ma grand-mère et celui de mes géniteurs qui m'ont « maternée » dans cette langue pendant les deux premières années de ma vie. Par la suite, seul le français fut à l'honneur chez nous. Mes parents appartiennent à cette génération éduquée dans l'idée que pour maîtriser le français, il fallait abandonner le basque considéré comme un dialecte de paysans et d'arriérés. Mon père, né en 1929, a été dressé non pas au martinet mais à la « bûchette », ce morceau de bois que les instituteurs de la région, mais aussi de Corse ou de Bretagne, donnaient au premier élève qui se « laissait aller » dans sa langue maternelle. Pendant toute la journée, la bûchette allait d'un fautif à l'autre. Et quand la cloche sonnait, le dernier qui l'avait entre les mains était puni. Le basque était la langue de la honte. Ou alors la langue réservée aux tout-petits, au maternage donc, aux bisous, aux câlins. Après ma scolarisation, ma mère et mon père ne l'ont plus utilisée qu'entre eux et seulement quand ils voulaient ne pas être compris par les enfants. Ainsi, j'ai perdu, ou occulté, presque tous les mots de ma petite enfance. Plus tard, quand mes parents se sont libérés des complexes linguistiques qui leur avaient été inculqués, ils auraient aimé que je suive des cours dans l'une de ces *gau eskolak* (école du soir) qui, à la faveur du renouveau culturel basque, s'étaient regroupées au sein d'AEK *Alfabetatze Euskalduntze Koordinakundea*, « Coordination pour l'alphabétisation et l'euskarisation ». Comme ceux de Jean-Quarré, j'aurais donc pu moi aussi être « alphabétisée ». J'aurais peiné autant qu'eux.

Selon la légende, même Satan n'a pas réussi à apprendre l'*euskara*. Il n'a donc jamais pu soumettre ceux qui le parlent à la tentation et les envoyer en enfer. « Tous les Basques iront au ciel, le diable lui-même n'entend rien à ce qu'ils disent », résume un proverbe (français). Ah le fameux « mystère basque » qui, lorsque j'étais adolescente, me donnait l'impression d'avoir un chromosome en plus, ou en moins. Car, tout de même, j'étais devenue un « être parlant » grâce à un isolat, c'est-à-dire une langue dont personne n'avait pu (et n'a pu encore à ce jour) établir de filiation avec d'autres langues vivantes ! Les paléo-linguistes avaient cru pouvoir la rattacher au berbère, au picte, à l'étrusque, au minoen, au munda, à l'esquimau, au wolof, au peul, au nigéro-congolais, à l'égyptien ancien..., ou Dieu sait quoi (la dernière hypothèse en date étant celle d'une parenté avec les parlers du Caucase). Mais le « mystère » reste entier, me disais-je quand dans les réunions de famille les grands conversaient entre eux ou entonnaient des chants à la fin des repas de fête. Je savais aussi à quel point cette langue méritait d'être qualifiée d'« ancestrale » (sa présence des deux côtés des Pyrénées est antérieure à celle du celte et du latin). Et comme beaucoup, j'éprouvais une pointe de fierté mêlée à un léger sentiment d'infériorité. Au collège, à Bayonne, un professeur nous avait assuré que le « peuple basque » descendait en droite ligne de l'Homme de Cro-Magnon, ce qui avait fourni aux « non-basques » de la classe matière à plaisanterie pendant des mois. Je me consolais en lisant des revues spécialisées. J'y apprenais que la langue qui avait façonné une partie de mon cerveau était d'une « originalité radicale ». Sa syntaxe et une grande partie de son lexique semblaient surgies de nulle part. Certaines théories affirmaient que l'euskara avait été forgée dans l'Atlantide. Des inepties. Mais rien n'interdisait de rêver et je m'imaginais des accointances, non plus avec l'ère paléolithique mais avec des civilisations englouties. Aujourd'hui, je me demande de quoi sont faits les songes des garçons de Jean-Quarré. De quelles légendes familiales, de quelles égratignures enfantines, de quelles illusions consolatrices ?

De mes rares incursions dans la grammaire basque, qui en dépit de son « originalité radicale » partage avec le tamoul ou le coréen les caractéristiques propres aux langues agglutinantes, je garde la vision de verbes qui s'accordent avec une ribambelle de suffixes et de radicaux s'ingéniant à se coller les uns aux autres.

Je n'ai jamais (ré)appris le basque. À l'âge où j'aurais pu aller au cours du soir, j'ai préféré voir Paris et y entendre toutes les langues du monde, avant de découvrir le monde lui-même. Du basque, mon hémisphère droit conserve malgré tout quelques empreintes mnésiques.

Par exemple, je peux exécuter en basque mon fameux exercice dit « des présentations » : *Egun on. Nire izena Marie da. Eta zu* ? (bonjour, je m'appelle Marie. Et vous ?). Je peux dire « merci beaucoup », *milesker hanitz*, « pardon », *barkatu*, « comment ça va ? », *nola zira ?*. Je sais compter jusqu'à dix : *Bat, bi, hiru*… Je reconnais parce que je les ai souvent entendues quelques expressions de la vie courante : *Goazen*, allons-y, *zer diozu ?* qu'est-ce que tu dis ? *zoaste abil abila*, sois sage, *zat jaterat*, viens manger... J'ai encore dans l'oreille et sur mes cordes vocales certains couplets de l'Agneau de Dieu, *Jainkoaren bildotsa*, psalmodié aux vêpres où ma grand-mère m'amenait quand j'étais en vacances chez elle. Cet agneau enlevait les péchés du monde *zuk kentzen duzu munduko bekatua*, et je le chantais à pleins poumons sans rien comprendre. *Urrikal Juana*, prends pitié de nous. À Paris, lorsque j'ai commencé à travailler à la radio, j'ai perdu à peu près tout de l'accent d'Hazparne, le village où je suis née, mais il s'accroche encore sur les « o », les « au », les « é », les « è » (subtilités phonétiques que je suis incapable d'enseigner à Jean-Quarré). Aujourd'hui, je résumerais ma situation en empruntant à Frédéric Aribit, un romancier que je ne connais pas, même s'il est né à Itxassou, le titre de l'un de ses livres qui dit si bien comment on se débrouille de cette « parole » vernaculaire déposée au fond de nous, au cœur de notre enfance. J'ai « Trois langues dans la bouche » : le français, l'écriture et le basque – ancestral, oublié, refoulé, contrarié ? Le basque « agglutinant » qui s'agglutine quelque part dans mon hémisphère droit. Est-ce ce magma archaïque, ce résidu œdipien, cette langue à demi morte, ce fantôme sémantique et phonétique qui, en plus des sévices de Mme Pefourque, m'a rendu si difficile l'apprentissage de l'anglais que je percevais, alors, comme une langue dure, une langue froide, une langue de privilégiés (je n'ai jamais été en séjour linguistique, même chez mon oncle d'Amérique) alors que l'espagnol, avec ses couleurs du Sud et sa musique ensoleillée, me venait aisément ? Aujourd'hui, quand je ne peux faire autrement que de parler anglais, en voyage ou pour des raisons professionnelles, il me faut une bonne semaine pour m'acclimater et ne plus avoir l'impression d'avoir une sorte de bouillie sous le palais. En public, je perds tous mes moyens. Sauf à Jean-Quarré où j'arpente la salle avec des « *you see what I mean* » et des « *yeah, it's great* » telle une conférencière de TED, sous l'œil bienveillant de Sharokan et des autres migrants anglophones du centre d'hébergement. Ils sont les professeurs bienveillants de la petite fille basque qui dort en moi.

Chapitre 18

Féminin Masculin

Exercice facile, pour s'échauffer en début de cours – ou à garder pour la fin quand la fatigue s'installe.

— La tête.

— Les yeux.

— Le nez.

— La bouche.

Chaque fois, j'ai envie d'ajouter « Alouette, gentille alouette ». Je montre une partie du corps et je dis comment elle s'appelle. Je vais du haut vers le bas. *Gentille alouette, je te plumerai…*

Le menton.

Le cou.

Les épaules.

Je ne plume pas la poitrine, encore moins les seins, attributs particulièrement féminins que j'aurais l'impression, si je les désignais, d'exhiber face à un public exclusivement masculin. Je vais directement au ventre, au dos, aux fesses. Oui les fesses, je les plume. Les deux sexes en sont également dotés. Je donne même son équivalent familier : cul.

L'exercice a de multiples variantes. Les « anciens », qu'à la « rentrée des classes », fin août, j'ai tous retrouvés, les connaissent sur le bout des doigts. On peut démembrer l'alouette du bas vers le haut. Ou dans le désordre. On peut montrer seulement le mot et demander la partie du corps qui correspond. On peut s'asseoir et laisser les autres déplumer à sa place. La dernière fois, Aboubakar, un Soudanais nouveau venu et particulièrement studieux, a tapé sur le haut de son buste :

— Et ça ?

— Ça, c'est la poitrine.

— Et pour les femmes, on dit comment ?

— Les seins.

Il me semble avoir lu, dans un livre ou un article, que les mots jugés obscènes ou trop chargés du point de vue émotionnel sont plus faciles à prononcer dans une langue apprise que dans une langue natale. Les inhibitions remontant à l'éducation et à l'enfance, et intimement liées aux mots, ne se dupliqueraient pas, ou moins, dans un lexique étranger.

Avec les résidents de Jean-Quarré, jamais je n'ai entendu un rire gras. Encore moins une réflexion déplacée. Je n'ai jamais été non plus confrontée à un refus d'obstacle. Parfois, je sens un léger flottement dans la classe mais toujours accompagné de la satisfaction d'apprendre un nouveau mot. Seins, fesses, cul. Ils recopient ces mots sur leur cahier avec le même sérieux que s'il s'agissait d'une liste de vocabulaire ayant trait aux moyens de transport ou au système électoral français. En définitive, ils sont beaucoup moins préoccupés que certains de mes amis par la question du sexe. L'autre jour, l'un d'eux, que je n'avais pas croisé depuis une éternité, s'est inquiété :

— Mais il n'y a que des hommes dans tes cours ?

— De fait, Jean-Quarré n'est pas mixte.

— Et ce sont des hommes jeunes, non ? Pleins de sève, d'énergie, dans la force de l'âge ?

— Et même dans la fleur de l'âge. Certains ont à peine vingt ans.

— Et il n'y a vraiment aucune fille avec eux ? Ça ne doit pas être facile. Pour toi non plus d'ailleurs…

Si je dis que les résidents de Jean-Quarré usent assez peu de leur pouvoir de séduction envers moi, cela n'étonnera personne étant donné mon âge. Mais en février et en mars, je me suis absentée quelques jours et j'ai demandé à ma fille aînée, à l'une de ses amies, à sa cousine, de me remplacer. Trois magnifiques jeunes femmes. Elles n'ont essuyé aucune remarque graveleuse ni aucune tentative de drague appuyée. Bien sûr, il y a eu une soudaine augmentation de la fréquentation en cours. Au début. Puis, ça s'est tassé.

Les lignes que je suis en train d'écrire me mettent mal à l'aise. Est-ce qu'on se poserait le même genre de questions pour d'autres hommes qu'eux ? Et est-ce qu'y répondre n'est déjà pas une manière d'accepter un carcan de préjugés ? Ce n'est pas à travers ce prisme que je les vois. Mais on m'a si souvent interrogée sur le sujet… Chaque fois, je me retiens d'affirmer cette vérité : « Ils sont charmants, polis, respectueux envers les femmes comme envers les hommes, bienveillants, reconnaissants, courageux, combatifs », parce que cela équivaut à les considérer comme une entité et donc à refuser, à chacun d'entre eux, la possibilité de ne pas être toujours charmants, polis ou courageux, à s'arroger le droit de les juger à l'aune de ces seules qualités, et implicitement d'y conditionner notre solidarité à leur sort. À tout prendre, je préfère énoncer une banalité : ils sont comme tout le monde. Lors de l'élection présidentielle, par exemple, ils voulaient tout savoir sur Emmanuel Macron (qu'à l'époque ils appelaient encore « l'homme bon pour les réfugiés ») et surtout sur son couple. Combien d'années le séparaient de son épouse, comment il l'avait rencontrée, où. « Il s'est marié avec sa professeur de français », a fini par lâcher Aldon le Footballeur. Ils ont ri, et moi aussi.

Puis Sharokan a lancé : « *Behind every successful man there is woman* », en précisant que la femme pouvait être « une épouse, une mère, une grand-mère, une sœur, une amie ou un professeur ». J'ai oublié de dire qu'en plus d'être « charmants, respectueux, etc. », ils ont aussi de l'humour.

Le vocabulaire du corps, de l'amour, du sexe ne vient pas au premier rang de leurs demandes d'apprentissage. Mais ils ne l'évitent pas.

Certains le sollicitent sans, je crois, provoquer trop de gêne ou de malaise. Par exemple, quand j'écris « ami » au tableau, Saïdi la Flèche renchérit avec « amie, petite amie ». Et souvent, il ajoute : « Pour petite copine française, on met bisous dans le texto ? » J'énumère les possibilités et les nuances : bise, bisou, baiser. Je précise que le dernier peut se faire sur la bouche, et parfois même avec la langue. « Mais *baiser*, c'est pas ça », insiste Saïdi qui a visiblement consulté quelques sites de traduction simultanée. « On donne *un* baiser, Saïdi, sur la joue, sur la main, où vous voulez. *Baiser*, c'est *to have sex*. En français, c'est plus joli de dire "faire l'amour". Il y a *couche*r aussi, à ne pas confondre avec *se coucher*. Et *sortir avec* qui est très différent de *sortir*. » Certains ne comprennent pas tout de suite. Saïdi réexplique.

Un soir, assez tard, j'ai reçu une alerte Facebook sur mon téléphone, pour une vidéo en direct, c'était Rezza, un Afghan, l'un des rares qui, dans mon cours, a déjà obtenu l'asile. Je l'ai surnommé Superman, parce que tous les jours, après s'être levé aux aurores pour être homme de ménage dans une entreprise de nettoyage, il s'entraîne jusqu'à 23 heures dans une salle de musculation du quartier. Cette nuit-là, il m'invitait, par caméra interposée, à ses fiançailles célébrées dans une chambrée du centre d'hébergement avec tous ses camarades vêtus de blanc. Peut-être Mariam, la fiancée restée dans son village à trois heures Kaboul, enterrait-elle au même moment sa vie de jeune fille. Je n'ai pas vérifié quelles sont les règles imposées, en Afghanistan, par la religion ou la tradition. L'absence de mixité, dans la chambrée, tenait-elle seulement à l'exil ? Si le lycée avait été ouvert aux visiteurs après 19 heures, Rezza m'aurait-il conviée à sa fête, avec d'autres bénévoles femmes ? Et ses amis auraient-ils accepté notre présence ?

L'espace que je partage avec les résidents de Jean-Quarré est délimité : la salle de classe, l'atelier de théâtre ou de danse, parfois le réfectoire et de temps en temps l'un des cafés de la place des Fêtes. J'ai songé plusieurs fois à inviter chez moi Abdou, Salomon ou encore Sharokan. Mais pourquoi eux et pas les autres ? Désigner les plus « méritants », les plus sympathiques ou les plus tristes, puis les récompenser ou les consoler par un bon repas en famille ? Je trouverais détestable de créer dans ma classe ces hiérarchies mesquines et ces humiliants petits privilèges. Je reste un « professeur », et les enseignants n'invitent pas, que je sache, leurs élèves à dîner. Je n'ouvre ma porte qu'à ceux qui ont quitté le centre pour aller habiter ailleurs et qui ne viennent plus à mes cours. Ce n'est pas un traitement de faveur mais une marque d'amitié, en dehors du cadre « scolaire » et nul ne peut en être blessé. Il faut faire attention à ce qu'on donne, ou plutôt à comment on le donne. Une fois, à mes débuts, je n'y ai pas suffisamment pris garde. C'était avec un tout jeune garçon. Il m'appelait « maman » et disait que je ressemblais à la sienne. Sur son téléphone, il avait téléchargé tous mes livres. Il ne venait pas d'une famille pauvre, au contraire, et son périple jusqu'en France avait été relativement confortable. Mais il était le plus malheureux parmi tous ceux que j'ai rencontrés à Jean-Quarré. La vie en collectivité lui pesait terriblement. Se plier à des règles, cohabiter avec des résidents qui n'avaient, disait-il parfois avec un air supérieur qui m'énervait, ni « la même culture ni la même éducation » que lui, frayer avec des « illettrés », disait-il encore quand il était vraiment très malheureux, et des « paysans » venus du fin fond de l'Afghanistan ou du Soudan, entendre leurs rires, leurs musiques, leurs chamailleries ou leurs prières jusque tard dans la nuit. À le voir aussi désemparé, je me suis souvent fait cette réflexion, monstrueuse quand on y réfléchit : contrairement aux autres, il n'a pas assez souffert en chemin pour endurer ses nouveaux tourments. Il me disait aussi : « Tu vois, il y a encore quelques mois, j'habitais dans une belle maison avec une famille que j'adorais. J'avais un chat. Le matin, je buvais un café dans le jardin. Et tout d'un coup, cette vie a disparu. » Dans son pays, une menace soudaine s'était abattue sur lui parce qu'il avait vu des choses qu'il n'aurait pas dû voir et dont je ne donnerai ici aucun détail, certains de ses amis étant encore, là-bas, en danger. Il avait décidé de son départ en quelques heures, mais avait pu prendre l'avion à chacune des étapes de son voyage jusqu'en France. Tout avait été si rapide. Une coupure nette, presque du jour au lendemain. Il avait été un élève brillant et il se retrouvait à s'agiter, tel un gamin attardé, dans des cours de théâtre. Il devait faire semblant d'aimer les ateliers de dessin. Avec moi, il articulait des ON, des EN et des IN comme chez l'orthophoniste. Souvent, il restait figé, bouche close. Et en repensant à lui, je me dis que les autres aussi, parfois, doivent me maudire. Je serais eux, je suis sûre que, certains jours en tout cas, j'aurais envie de me gifler ou de me faire rentrer mes putains de voyelles et consonnes au fond de la gorge. Lui, quand il assistait au cours, ne manifestait rien, son regard restait toujours dans le vague. Après, il venait me voir et m'expliquait qu'il ne supportait plus de se sentir assisté, de devoir rendre des comptes et de justifier de ses progrès auprès des travailleurs sociaux, d'être considéré comme un être incapable d'autonomie. En même temps, il n'arrivait pas à se prendre en charge. Il oubliait ses rendez-vous, fumait du shit ou buvait dès qu'il était dehors, fréquentait seulement les résidents qui, comme lui, prenaient de haut les « activités culturelles », puis se brouillait avec eux. J'étais, disait-il, l'une des rares personnes avec qui il pouvait vraiment discuter y compris de politique, de la situation au Proche-Orient, du fanatisme religieux qu'il abhorrait, des potentats qu'il détestait tout autant, de littérature, de journalisme. Il ne voulait me parler qu'en anglais. Il refusait de baragouiner parce que cela le rabaissait, le diminuait et combien je le comprenais, moi l'handicapée des langues étrangères. Mais je l'interrompais à chaque fois : « En français. Parle-moi en français. N'aie pas honte. Tu entends mon *broken english* ? Tu crois que c'est mieux ? Si tu ne t'entraînes pas, tu ne pourras pas rentrer à la fac. » Reprendre ses études, être entouré d'« intellectuels », il ne pensait qu'à ça. Les travailleurs sociaux de Jean-Quarré l'avaient aidé dans la mesure de leurs moyens. Je ne voulais pas empiéter sur leur rôle. Mais il était si mal. J'ai frappé à plusieurs portes. Le problème n'était pas seulement son absence de titre de séjour. Par la voie normale, les universités accueillent au compte-gouttes les gens comme lui. Surtout il n'avait pas le niveau de langue requis. J'ai fini malgré tout par lui obtenir un rendez-vous, auquel je l'ai accompagné, à Panthéon-Sorbonne qui avait mis en place un « programme d'accueil des étudiants réfugiés », passerelle pour une éventuelle intégration dans un cursus classique. La session à venir était déjà pleine à craquer. À la responsable, il a confié, comme il l'avait fait avec moi, sa solitude et ses désirs universitaires. Elle a promis de faire son possible. Et tandis qu'il s'effondrait en larmes, elle lui a parlé avec tant de chaleur, tant d'humanité qu'en sortant je me suis dit qu'il y avait partout en France des femmes et des hommes vraiment formidables. Nous avons retraversé Paris, à moitié à pied, pour retourner dans le lycée déglingué. Il n'était jamais allé beaucoup plus loin que la place des Fêtes. Il détestait Jean-Quarré mais ne parvenait pas à s'en éloigner. Après avoir vu les ors de la Sorbonne, il ne marchait pas, il volait. « Tu m'as sauvé la vie. » Trois semaines plus tard, il a reçu un dossier pour une pré-inscription. Il exultait toujours autant de bonheur. Il est entré en contact avec des étudiants. Avec eux, il est enfin sorti du 19e arrondissement. Chacune de ces rencontres l'enchantait. Puis, alors qu'il avait promis de s'atteler enfin au français pour suivre le programme « étudiants étrangers », il s'est mis à sécher tous mes cours. Il n'a jamais renvoyé son dossier d'inscription. Par la suite, il m'a dit qu'il lui manquait une pièce, mais je n'ai jamais pu en avoir le cœur net. Il faisait tout pour m'éviter dans les couloirs ou alors il me tenait des propos incohérents. Ses yeux étaient retournés dans le vague. Un soir, il a été hospitalisé. Quand il est revenu, il m'a assuré qu'il allait mieux et qu'il avait trouvé une autre piste pour entrer à l'université de Créteil. Il a été, depuis, transféré dans un autre centre d'hébergement, loin de Paris. Au moment où il a sombré, je ne pouvais pas l'aider. Mais lui a peut-être cru que j'aurais pu ou dû. Il y a des façons de donner qui ressemblent à des promesses impossibles à tenir. Depuis, j'essaie de conserver une juste distance avec les résidents de Jean-Quarré. Et si Rezza-Superman m'avait envoyé une invitation autre que virtuelle pour assister à ses fiançailles, je l'aurais déclinée parce que la fête se tenait dans l'enceinte du lycée, mon lieu de travail, si j'ose dire. On ne peut pas bien travailler si on mélange tout. Je ne perds pas de vue que je vais là-bas pour leur apprendre le français. Là est ma première, et peut-être seule, utilité.

Mais grâce à la caméra de Rezza, j'ai vu les réjouissances de ses modestes agapes. Il y avait des nappes étendues sur le sol et dans chaque assiette du riz épicé et du poulet. J'ai entendu le son du *zarb* (tambour) et du *dotâr* (luth). Ils dansaient en cadence, entre hommes.

Oui, ils sont jeunes, « pleins de sève » – mon Dieu, cette expression –, et le plus souvent seuls. Et comme la plupart des garçons, ils rêvent, sans doute, d'amour, de tendresse, de « baise », même s'ils ne le disent jamais aussi crûment – hormis la Flèche qui est un cas un peu à part. Les Soudanais et les Érythréens se dépensent dans le football. Les Afghans préfèrent le cricket. J'ai assisté à l'un de leurs matches au stade Jules-Ladoumègue, porte de Pantin, à deux pas de la Cité de la Musique et de la Philharmonie de Paris. Ils affrontaient des compatriotes venus d'autres centres d'hébergement de la région parisienne. L'un des champions de la discipline, une star dans son pays, aujourd'hui réfugié dans l'Essonne, encadrait la partie avec un membre de l'équipe de France, né lui aussi en Afghanistan et installé depuis l'âge de seize ans à Aubervilliers. Sur le bord du terrain, le président de « France Cricket », qui compte à peine 1 500 licenciés pour la plupart venus de pays anglophones ou de l'ex-empire britannique, repérait « les talents potentiels ». À la fin du match, ils ont discuté avec les demandeurs d'asile de Jean-Quarré.

En voyant l'excitation de Saïdi face à ces trois hommes, j'ai pensé à mon fils et je me suis dit qu'ils devaient être l'équivalent de Kylian Mbappé, Didier Deschamps et Noël Le Graët réunis. Ils ont expliqué à la Flèche que pour « trouver sa place » en France rien ne valait « l'apprentissage du français ». Je buvais du petit lait. Mais Saïdi n'avait pas l'air de se sentir concerné. Il acquiesçait avec des « voilà » et des « oui, c'est comme ça » à n'en plus finir, comme s'il était lui-même l'auteur de ces sages conseils. Puis il a piqué un sprint sur le terrain, avant de se rouler dans l'herbe parce que Jean-Quarré venait d'être déclaré vainqueur du tournoi. J'aurais pu rapporter cette scène à l'« ami » inquiet. J'aurais pu aussi lui dire que pour canaliser leur « sève », Rezza et beaucoup d'autres jeunes Afghans pratiquent la musculation. Le culturisme est un autre sport très prisé dans leur pays. Il n'y a pas qu'à Paris que les mâles gonflent leur taux de testostérone en ahanant sur des machines. À Kaboul, me dit Sharokan qui soulève lui-même des haltères plusieurs fois par semaine, les clubs de gym ne désemplissent pas.

« Mais l'islam quand même, ça ne pose pas problème ? Ils acceptent qu'une femme leur donne des cours ? » m'a aussi demandé une voisine. Je la connais un peu. Je ne crois pas qu'elle était animée de mauvaises intentions. Oui, ils acceptent, chère voisine, ils font même plus qu'accepter. Et parfois, c'est peut-être moi qui manque de délicatesse. Pour l'« incident » (je mets des guillemets parce que ma classe ne m'en a pas tenu rigueur) qui s'est produit au mois de mai, j'ai la météo pour excuse. Une soudaine canicule avait rendu Paris irrespirable. La salle de classe, au rez-de-chaussée du vieux lycée, fraîche en toute saison, étant momentanément indisponible pour cause de travaux, les cours se tenaient à l'étage, dans une pièce qui en fin de journée se transformait en étuve. Le mercredi, nous avions passé le cours à parler, mollement, de tout et de rien. Le lundi suivant, le baromètre affichait toujours des records de température, j'avais un énorme rhume qui me faisait la tête comme une coucourde, et je n'avais rien préparé. Et si je leur racontais une histoire ? J'en avais donné une à lire à Sharokan et Omar mais nous n'avions jamais travaillé sur aucun texte pendant les cours, c'était l'occasion d'essayer. Il fallait un livre « facile ». Or, j'avais abandonné depuis longtemps mes vaines recherches dans les librairies. J'avais chez moi un ouvrage illustré que ma deuxième fille adorait quand elle était petite, elle disait qu'elle avait l'impression de se baigner chaque fois qu'elle le lisait. On y voyait un vieux paysan qui, sous un soleil torride, plongeait dans une mare, suivi par tous les animaux de la ferme. Une sarabande joyeuse avec à chaque page de l'eau bleue, des éclaboussures, des « splatch » et des dialogues pleins d'esprit. Moins niais en tout cas que ceux de T'Choupi. Plus l'heure avançait, plus je me sentais fiévreuse et plus je me disais que ce livre était une bonne idée. Mais où était-il ? Impossible de mettre la main dessus. J'ai fini par le retrouver. Et par voir, ou plutôt apercevoir dans un état semi-comateux, un léger détail que j'avais oublié : le personnage principal n'était pas le fermier mais son cochon. Le livre était d'ailleurs intitulé *Le Cochon dans la mare*.

Peut-être que s'il avait fait moins chaud, j'aurais réfléchi à deux fois. Ou peut-être pas. L'islam (et le christianisme en ce qui concerne de nombreux Érythréens) compte si peu dans les relations que j'ai avec les résidents de Jean-Quarré et dans celles qu'eux ont avec moi que j'ai seulement vu dans ce livre son aspect rafraîchissant par temps de canicule. J'ai photocopié chaque page en plusieurs exemplaires et je les ai distribuées dans la classe. Chacun lisait un bout de l'histoire et répétait « splatch » avec jubilation. Après une heure de cours, j'ai sorti deux tablettes de chocolat, comme je le fais toujours en guise de pause.

« Non, merci, m'a répondu Suleyman quand je lui en ai tendu une, c'est ramadan. » Le « mois saint » de l'islam venait de débuter trois jours plus tôt. Et cela ne m'avait pas plus effleuré l'esprit que le Carême ou Yom Kippour, à d'autres périodes de l'année. L'islam bannit la consommation du porc, je le savais bien sûr, il n'interdit pas la représentation de cet animal. Certains fondamentalistes pourraient peut-être y voir une offense ou une provocation. Il n'y a pas de fondamentalistes dans ma classe. Mais tout de même en plein ramadan, *Le Cochon dans la mare* ! Les tables de la salle de classe étaient recouvertes d'images de ce porcelet rose et ventru, s'ébattant dans l'eau ou conversant avec le Vieux Bill (le nom du fermier), la vache, la poule ou le mouton. Devais-je m'en excuser auprès de ceux qui étaient venus en cours ? Mais qui disait qu'ils pratiquaient un islam rigoriste ? Qui disait même qu'ils pratiquaient tout court, à l'exception de Suleyman qui avait refusé le chocolat ? Et encore le ramadan est tout aussi culturel que religieux. Et puis m'excuser de quoi ? Je connais plein de musulmans, y compris très croyants, qui m'auraient envoyée paître si dans le même genre de situation j'avais fait un acte de contrition. « Tu nous prends pour qui ? Tu crois qu'on ne peut pas regarder un cochon alors que certains d'entre nous en mangent, Coran ou pas ? C'est ainsi que tu nous vois ? » Plus tard, quand j'ai repensé à cet « incident », je me suis dit qu'il avait tout de l'acte manqué. D'une certaine manière, j'avais voulu dire aux exilés de Jean-Quarré que je les considérais comme n'importe lesquels de mes amis musulmans, chrétiens ou juifs, c'est-à-dire menant leur vie sans être soumis à des préceptes, des interdictions, des injonctions n'ayant rien à voir avec la foi ou la spiritualité. « Je suis désolée », ai-je malgré tout bafouillé sur le moment. « C'est pas grave, Marie, c'est dessin », m'a aussitôt répondu Abdou le Doux. Il s'est fendu d'un large sourire qui a éclaté – pour la première fois – en véritable rire tandis que les autres, y compris Suleyman, répétaient : « C'est pas grave. Pas de problème. Bonne histoire. » Et alors que le ramadan devait encore durer pendant près d'un mois, ils m'ont tous demandé de rapporter le livre au cours suivant, ils voulaient connaître la fin.

L'islam n'a jamais entravé aucune de mes leçons. Un seul résident – il parle bien le français et ne vient pas à mes cours – a, un jour, refusé de me serrer la main, c'était au mois de mai toujours. À la même période, en classe, malgré le ramadan, tous les autres continuaient à me saluer comme d'habitude, parfois en me faisant la bise. Je vais peut-être décevoir ma voisine mais c'est ainsi. Je ne tire de ces cas particuliers aucune conclusion générale Comme sur la question des femmes ou de l'égalité des sexes, je raconte ce que je vois ou ce que me rapportent des personnes en qui j'ai confiance.

Deux ou trois Afghans, m'a par exemple dit un salarié du centre, ont, sur le front, la zebida, cette marque qui apparaît sur la peau à force de prosternations. Mais ils prient toujours dans leurs chambres. Jean-Quarré n'a pas de salle dédiée à la pratique de la religion quelle qu'elle soit. Faut-il rappeler que beaucoup de migrants fuient des régimes islamistes ? Qu'ils ont souffert du fanatisme, de l'obscurantisme ? Ou de « traditions » qui interdisent l'émancipation des femmes et des hommes, la liberté de pensée, le choix de sa destinée ? Parmi les Guinéens arrivés récemment, plusieurs ont voulu échapper à un mariage forcé (ceux-ci ne touchent pas que les femmes).

L'un d'eux, Moussa, ne dort jamais. Toutes les nuits, il se revoit en Libye avec l'un de ses amis. Ils sont poursuivis par des miliciens. Son ami est fauché par une balle. Lui parvient à s'échapper comme il a réussi à s'évader, un an plus tôt, d'une prison de Bamako. Son père l'y avait fait enfermer, en l'accusant d'un vol qu'il n'avait pas commis, pour le punir d'être tombé amoureux d'une catholique et de ne pas vouloir épouser la musulmane choisie par sa famille. Depuis que Moussa est à Paris, il n'a jamais mis les pieds dans une mosquée. Il ne croit plus en rien.

Sharokan, lui, a toujours la foi. Mais s'il ne boit pas de vin, c'est uniquement « parce que c'est trop cher ». Il préfère la bière parce que, dit-il, rien dans le Coran ne prohibe la consommation d'alcool. D'autres musulmans du cours font de même. Ceux qui préfèrent s'abstenir sont peut-être aussi nombreux, je ne tiens pas de statistiques. Devant moi, en tout cas, ils ne se sont jamais disputés à ce sujet. Ni sur la question de savoir si on peut écouter ou non de la musique lors du « mois saint ». La direction du centre a malgré tout suspendu les concerts pendant cette période. Mais quand elle a organisé, il y a quelques mois, un « atelier préservatif » avec Solidarité Sida, cela n'a posé aucune difficulté. Que dire d'autre ? Que plusieurs résidents ont participé à la « course pour l'égalité entre les femmes et les hommes » du parc de la Villette ? Que je suis allée avec une quinzaine d'entre eux au musée du Louvre sans précautions particulières ? Je n'ai pas pris des passages dérobés pour leur éviter une confrontation avec les corps dévêtus des statues antiques. Je n'ai pas inscrit le département des Arts de l'Islam dans le programme de la visite. L'idée était de leur montrer ce qu'ils n'avaient jamais vu. En cours, je leur avais plusieurs fois parlé des rois de France, de la révolution de 1789, de la liberté, égalité, fraternité, de Louis XVI qui avait fini à l'échafaud. Ils étaient curieux de voir à quoi ressemblait ce monarque décapité. Je n'ai malheureusement pas réussi à retrouver son portrait officiel, l'un des plus célèbres, celui où il pose en costume de sacre. Mais nous avons admiré d'autres rois ou reines. Et aussi des statues grecques ou romaines, en pagaille, dans le plus simple appareil. Leur nudité a semblé laisser de marbre les garçons de Jean-Quarré, au moins ceux qui étaient avec moi ce jour-là. Ce qui les a bien plus tarabustés c'est que la *Vénus* de Milo n'avait pas de bras et que la *Victoire de Samothrace*, elle, avait en plus perdu la tête.

Chapitre 19

Conjugaison

Dans la salle de classe trop chauffée – l'hiver a commencé tout doux cette année –, Suleyman le Musicien se lève comme pour souligner l'importance de ce qu'il s'apprête dire :

— Dans cinq ans, je vais me marier. Je vais avoir une grande maison et un travail à Marseille. Et une voitOUre aussi. Non, une voitUre.

Hormis son jeu malicieux avec la phonétique, il n'y a aucune dérision dans son propos. Un mariage, un logis – à Marseille par où il est passé et qui lui a plu –, un emploi, une automobile « bleue », précise-t-il. Il dit ce pour quoi il est venu en France. Je n'y entends pas une revendication ou un appel à la pitié. Juste une certitude tranquille. Une sorte de détachement aussi. Les choses se feront et si elles ne se font pas, d'autres arriveront. Sans son long manteau façon « poil de chameau », on pourrait croire un moine bouddhiste. Comment fait-il pour rester aussi zen alors qu'il a, comme il dit, « des problèmes avec la préfecture » ? Suleyman est né au Darfour mais il n'y a jamais vraiment séjourné. Dès l'âge de cinq ans, il a habité à Khartoum. Et s'il a quitté le Soudan pour aller en Libye, c'est avant tout pour fuir la misère. On lui avait dit que, là-bas, il y avait des places à prendre pour les hommes qui n'ont pas froid aux yeux, que certes, la vie n'y était pas toujours rose mais que le marché du travail y était florissant. Au final, il s'est retrouvé piégé dans un pays aussi cruel que le sien où les étrangers sont traités comme des chiens, surtout quand ils sont noirs. Un « migrant économique », voilà ce qu'il est si l'on s'en tient aux théories du ministère de l'Intérieur qui doit décider de son sort. Suleyman a parfaitement conscience que sa situation juridique est des plus précaires. Mais, contre l'évidence, il continue à répéter : « C'est pas grave. »

« C'est pas grave » est le mot de ralliement de Jean-Quarré. Un mantra, un credo, une prière, une hygiène de vie, un choix existentiel, une attitude mentale, un exercice de pensée positive, un antidote au désespoir, un encouragement de chaque instant, une manière de consolation pour soi et pour les autres, ou de pardon pour les plus grandes fautes comme pour les minuscules. C'est pas grave, le cochon, c'est dessin. C'est pas grave, l'Italie, c'est vacances. C'est pas grave, la pluie, c'est Paris. C'est pas grave, les gens qui ne veulent pas de nous, on est là. C'est pas grave, la tristesse, on est vivants.

L'énoncé favori de Suleyman, autour de la phrase fétiche, demeure néanmoins : « C'est pas grave, je vais trouver du travail. » Même si on ne lui donne pas de papiers, même si on lui claque la porte au nez, même s'il est noir, pauvre, étranger, quelle que soit l'adversité, il a toujours trouvé un moyen pour employer ses mains, ses pieds, son intelligence, sa volonté. L'autre fois, il m'a dit, tel un retraité faisant le bilan de sa carrière :

— J'ai beaucoup travaillé dans ma vie.

— Tu n'as que vingt-cinq ans !

— Oui, quinze ans de travail. J'ai commencé à dix ans.

Cireur de chaussures, vendeur de bouteilles d'eau, élève dans une école catholique bien que musulman, « professeur d'anglais pour les amis », nettoyeur d'entrepôts, apprenti menuisier, portefaix ou ferrailleur de temps en temps, puis fourgueur de pièces détachées, et dans la foulée mécanicien et surtout ferronnier. Le fer, voilà ce qu'il préfère parce que, contrairement au bois, « avec le fer, tu peux travailler toute l'année et tu peux travailler partout dans le monde ». Même en Libye, il a fini par trouver une place dans une usine de meubles en acier. Il était à peine payé, mais au moins, pendant un temps, il a fait ce qu'il aimait. À Paris, comme tous les demandeurs d'asile, il n'a pas droit à l'emploi mais il a déjà fabriqué deux fauteuils en métal qui ont atterri dans un « espace de coworking » assez branché du 19e arrondissement.

« Je vais vendre des tables et des chaises, poursuit Suleyman, toujours debout dans la classe. Je vais gagner de l'argent. Oui, je vais faire ça. Et je vais habiter à Marseille. » Il croit ce qu'il dit. Il ne s'entraîne pas seulement à manier le futur proche. Verbe aller + infinitif.

Depuis quelques semaines, nous nous sommes mis à la grammaire. Des « groupes de niveaux » ont été institués. Les cours du matin sont réservés aux débutants. Tiphaine a accepté que je m'occupe des « intermédiaires ». J'ai gardé mes créneaux du soir fréquentés par la même petite équipe, à l'exception d'Aldon le Footballeur qui ne vient plus depuis trois bonnes semaines. Je l'aperçois parfois, sur le perron, fumant une cigarette, lui que ne fumait jamais. Je ne suis pas une vraie professeure. Il n'est pas un vrai élève. Je ne tiens pas de cahier d'appel. Il n'a pas à me présenter de mots d'excuse. Alors, je lui dis comme à tous ceux qui sèchent :

— Ça va Aldon ? Je ne te vois plus

— Oui ça va, me répond-il, je viens lundi.

Ou mercredi. Mais aujourd'hui, encore, il n'est pas là.

Nous travaillons sur les conjugaisons. Le temps des verbes et donc le temps tout court. Le Temps avec un grand T, celui qui plonge ses racines dans le passé, qui s'arrête au présent, et qui toujours file vers le futur. Je pourrais le vider de toute signification, substance, chair, de toute nostalgie, mélancolie, souffrance, de toute crainte, attente, espérance. Je pourrais le désincarner, l'abraser, l'aplatir, l'affadir, le techniciser en le réduisant à une liste de sons et de caractères graphiques, de phonèmes et de morphèmes. Je pourrais donner à Abdou ou à Mahmoud des tableaux de conjugaison. Des verbes en colonnes à l'imparfait, au passé simple, au futur. Premier groupe, deuxième, troisième. Terminaisons et radicaux à apprendre par cœur. C'est impossible. Du moins dans les conditions qui sont les nôtres. Celles de l'urgence et du bricolage. Tous ici ont besoin de clés pour ouvrir les portes d'un nouveau langage. Et les tableaux sont des murailles. Plus tard, je l'espère, ils s'y attaqueront comme nous à l'école primaire en pestant contre nos instituteurs. Certains le font déjà en solitaire ou dans d'autres cours où ils se sont inscrits. Mais à l'intérieur du centre d'hébergement, nous devons parer au plus pressé, inventer une sorte de trousse de premiers secours avec des rations de vocabulaire et de phrases tout-terrain, rapides à assimiler et faciles à utiliser. Car en dépit de la nouvelle organisation, le concept de « groupe de niveau » reste assez flou et la catégorie dite des « intermédiaires » totalement disparate. Elle va de ceux qui parlent trois mots de français à ceux qui peuvent tenir un semblant de conversation. Auxquels s'ajoutent les nouveaux qui arrivent au fil des jours et des débutants qui continuent à venir le soir parce qu'ils sont occupés le matin ou parce qu'ils n'ont pas envie de se lever tôt. Je ne les chasse pas. Ils se font l'oreille.

Les tableaux de conjugaison étant impraticables, comment expliquer le présent, le passé, le futur, notamment à ceux qui n'ont jamais été à l'école et qui, même dans leur langue, ne maîtrisent pas ces notions, qui n'ont pas appris à classer les mots selon qu'ils sont des substantifs, des adjectifs, et encore moins des verbes conjugués ou des verbes à l'infinitif ? Je leur dessine des sortes de frises chronologiques. Hier, aujourd'hui, demain. « Aujourd'hui, je marche, je regarde ma montre », j'écris l'heure et la date au tableau et je marche dans la classe. « Hier, j'ai marché », j'envoie mon bras en arrière pour indiquer le passé, je remplace la date du jour par celle de la veille. Pour me faire comprendre, j'ai beau chercher, je ne vois pas d'autre solution que de rattacher le temps des verbes à un contexte et à des exemples et donc à un vécu.

La leçon que t'a donnée Ibrahim ne t'a pas suffi ? Tu l'as forcé à parler de la mort des siens devant toute la classe. Je ne l'ai pas fait exprès ! Mais je n'oublie pas.

Pour mes premières leçons de grammaire, je n'irai pas vers le passé, pas tout de suite. J'opterai pour le futur, haut les cœurs, même si pour d'autres raisons que l'imparfait, ce temps est aussi un casse-tête.

En français, le futur exige des modifications terminales (des désinences, en jargon de grammairien) alors qu'en anglais, il se contente de l'auxiliaire *will* ou *shall*. Pis, les verbes les plus indispensables (être, avoir, faire, aller, pouvoir, vouloir, devoir, savoir, dire) se complaisent dans l'irrégularité. Ils revendiquent fièrement leur appartenance au troisième groupe. Un groupe funeste que l'on appelle aussi « conjugaison morte » parce qu'elle ne se renouvelle plus et parce que, parmi ses 370 verbes, un certain nombre sont obsolètes (voire remplacés par des synonymes du premier groupe, le plus souvent affreux : résoudre, solutionner). Je sais, ce groupe d'originaux est un héritage de l'histoire et notre belle langue, irriguée depuis mille ans par les apports du grec et du latin, est un chef-d'œuvre de l'humanité ! Je soutiens ceux qui se battent contre l'appauvrissement du français et pour son rayonnement (auquel contribueront les habitants de Jean-Quarré). En attendant, dire ce que l'on sera, fera, saura ou pourra dans le futur implique un apprentissage en mode perroquet des tableaux de conjugaison. Le futur dit « simple » est un aller, sans retour, tout droit dans le mur. Nous ferons donc avec le « futur proche ». « Événement dont on perçoit les signes avant-coureurs au moment présent et qui va donc se réaliser dans un court délai », disent les manuels. Et surtout forme verbale qui décline le seul verbe aller.

— Demain, je vais marcher, tu vas, il va, nous allons marcher, manger, acheter… Je vais PLUS l'infinitif.

— L'infinitif ?

— Le verbe mais tout nu, vous voyez… Sans les habits du je ou du tu…

Ibrahim le Sage explique en arabe. Le Polyglotte fait la même chose en dari et en patcho.

— Par exemple, moi, Marie, demain, je vais marcher au parc des Buttes-Chaumont. Et vous ?

— Demain, je vais aller à la préfecture pour le récépissé…

Ou à l'OFFI pour chercher un papier, ou à l'hôpital pour passer une radio, ou à la boîte postale pour prendre le courrier, ou au bar tabac pour acheter une carte de téléphone, ou au distributeur pour retirer la part de l'ADA plafonnée à 68 euros mensuels, ou dans une permanence juridique pour demander de l'aide à un avocat, ou au deuxième étage de Jean-Quarré pour faire le point avec un travailleur social, ou sous le périphérique porte de la Chapelle pour voir les amis qui y dorment encore...

Qu'est-ce que tu croyais ? Que leurs lendemains chanteraient ?

Non, juste qu'ils seraient pour eux moins douloureux que le passé. Mais avec mes exercices à la noix, je les englue dans la monotonie. *Évidemment, leur futur proche est aussi gris et routinier que leur présent.*

Et alors quoi ? Le futur lointain ? Ils ne savent pas où ils seront à la fin du mois. Enfermés dans CRA ? Menottés à l'arrière d'un avion pour être renvoyés à l'expéditeur ? Je ne vais quand même pas leur parler de l'avenir…

Et pourquoi pas ? Qu'est-ce qui t'en empêche sinon la projection de tes petites névroses ? Pour toi, l'avenir c'est : se délester, grandir et surtout vieillir. Cesse de les regarder à travers tes étroites lunettes de nantie, effrayée par la fuite du temps et des êtres. Pourquoi crois-tu que Suleyman reste « zen ». Pour lui, comme pour tous ceux qui n'ont rien, l'impermanence est une promesse de changement. Tu devrais savoir que le mot exil provient du latin exsilire, *s'élancer hors, et qu'il a la même racine qu'exaltation.* Exil, ex-il, *hors de soi, des ses habitus, de sa zone de confort. Évidemment, toi, tu n'as jamais pris ce risque. Le pire qui te soit arrivé est d'éprouver ce sentiment d'étrangeté, prétentieusement baptisé « exil intérieur ». Mais essaie de te rappeler tes lectures, et tout ce qui a été écrit à ce sujet. L'exil, le vrai, n'est pas seulement un déracinement. C'est une attente aussi. Et un affranchissement. « Tes élèves » sont mille fois plus forts que toi qui ne t'es jamais arrachée à tes déterminismes et au pays qui t'a vue naître. Tu peux leur parler de l'avenir, c'est à toi qu'il fait le plus peur.*

Je me suis lancée. J'ai avancé les aiguilles de plusieurs années. Pour bien faire, il aurait fallu passer au futur simple, dédié aux projections à long terme, mais j'ai conservé le futur proche même si cela n'est pas très orthodoxe sur le plan grammatical. « Dites-moi ce que vous allez faire dans cinq ans. » C'est ainsi que j'ai appris les projets de Suleyman le ferronnier. Et ceux de tous les autres. Désormais, je ne crains plus de les inviter à la table du futur lointain. Chaque fois, je vois la tristesse qui se dissipe, la lassitude qui lâche prise. Je vois cet « ardent courage de vivre » dont parlait Hanna Arendt dans *Nous les Réfugiés*.

Abdou : « Dans cinq ans, je vais savoir très bien le français. Et je vais aller dans une école. » Le Doux n'a pas encore l'assurance du Musicien, même si, leçon après leçon – il n'en a séché aucune –, il lutte bravement contre sa timidité. Il reste toujours assis quand il raconte ses plans pour le futur mais son ton n'est jamais aussi affirmatif que dans ces moments-là. Peut-être que leur véritable temps à tous est le futur antérieur. Ils en suivent l'esprit sinon les règles : « expression d'un fait considéré comme accompli dans le futur de manière certaine ». Oui, le futur antérieur leur va bien. Un jour, je leur expliquerai qu'il est mieux de dire : « Dans cinq ans, moi Suleyman, j'*aurai acheté* une grande maison à Marseille. Dans cinq ans, moi Abdou, j'*aurai appris* très bien le français. » Ou « dans cinq ans, moi Sharokan, j'*aurai obtenu* un diplôme de l'Institut national des langues et civilisations orientales ».

Sharokan le Polyglotte, lui, sait déjà toutes nuances du désir et de la volonté. « Dans cinq ans, je vais être interprète anglais, français, dari, pachto... Je serai interprète. Je voudrais être interprète. Je veux être interprète », répète-t-il à chaque fois. Depuis plus d'un an que je le connais, il a cherché partout d'autres cours de langue pour se perfectionner, comme beaucoup de ceux qui assistent à mes leçons. Ceux donnés par Emmaüs, l'association qui gère le centre, sont vite pleins. Sharokan s'est débrouillé pour trouver ailleurs, saisissant chaque occasion et elles sont nombreuses. Des cours en plein air du BAAM (Bureau d'accueil et d'accompagnement des migrants) à ceux du FLA (Français Langue d'accueil) près de la gare du Nord – 1 000 élèves de 27 nationalités – en passant par des ateliers de conversation dans certaines bibliothèques municipales, ou à domicile chez des particuliers. Il suffit d'entrer « cours de français + migrants + réfugiés » sur un moteur de recherche pour qu'apparaisse une

France du partage et de la solidarité non pas en mots, mais par les mots. Une France des villes ou des campagnes, militante ou simplement fraternelle, laïque ou de toutes confessions. JRS France (Jesuit Refugee Service) met en lien familles et demandeurs d'asile, pour un hébergement temporaire et par la force des choses un séjour linguistique, tout comme Singa qui a lancé sur le Web la plate-forme Calm (Comme à la maison). Le collectif Resome (Réseau études supérieures et orientation des migrants et exilés) rassemble, lui, toutes les initiatives lancées par des étudiants qui aident les migrants à intégrer des formations et à passer leurs diplômes. À Paris VIII, c'est le RUSF (Réseau université sans frontières), à Science Po le programme « *Welcome Refugees* » qu'Ibrahim le Sage vient de rejoindre, et à l'École normale supérieure, quelques forts en thème ont créé Migrens avec un Soudanais, d'ailleurs passé par Jean-Quarré, inscrit en philosophie dans une université de Khartoum et traducteur de Spinoza en arabe. Depuis, la direction de l'école a donné une carte d'« étudiant invité » à une quarantaine de migrants, dont Mohamed le jeune Darfouri qui m'avait épatée lorsqu'il avait présenté à la classe un topo sur Jeanne d'Arc. Comme les autres invités de la rue d'Ulm, Mohamed travaille en binôme avec les meilleurs représentants de la méritocratie à la française. Dans ce temple du savoir, il a accès à la bibliothèque, à la cantine, à la bienveillance. Sharokan n'a pas poussé assez loin ses études en Afghanistan pour avoir ses entrées à Normale sup mais il a été accepté dans une classe montée de toutes pièces par une poignée d'étudiants également ultra capés, l'un de l'École des hautes études en sciences sociales (EHESS), les autres de la Sorbonne. Aujourd'hui, Paris IV soutient et finance en partie leur association InFLEchir. FLE comme « français langue étrangère », les leçons sont d'ailleurs données par des étudiants spécialistes en la matière ainsi que des bénévoles. Et désormais, tous les jours, le Polyglotte rejoint soixante autres demandeurs d'asile dans la salle 311 d'un département de l'université installé porte de Clignancourt. Il me montre, avec un bonheur non dissimulé, l'attestation qui lui a été remise il y a deux semaines, frappée au sceau prestigieux de la Sorbonne. La directrice de « l'UFR de Langue française » y confirme qu'il suit un stage d'une durée de huit mois et demande aux vigiles « de bien vouloir lui réserver le meilleur accueil » (après des attentats terroristes, des étudiants sans papiers avaient été refoulés). Je repense à la première fois que j'ai vu

Sharokan, maigre, les traits marqués par son long voyage et toutes les nuits passées dehors, porte de la Chapelle, à quelques encablures de l'université où il est admis aujourd'hui. Il lui a fallu patienter de longs mois sur liste d'attente, puis passer des tests. Après avoir frôlé le niveau A1, il a été rétrogradé en B1 parce qu'il avait fait trop de fautes à l'écrit. Peu importe, il voulait tant décrocher une place à Infléchir. Il en avait entendu parler par « une amie française ». Il s'en est fait un certain nombre ces derniers temps. « Je connais beaucoup de filles », me dit-il avec le même naturel que Suleyman lorsqu'il évoque sa carrière professionnelle. Et comme au Musicien, je lui rappelle son âge. Vingt ans ! Il me répond par son adage préféré : « *Behind every successful man there is woman.* »

« Dans cinq ans, je vais ouvrir un restaurant. Un restaurant érythréen. » Cette fois, c'est Michael qui se projette dans l'avenir. Il n'est pas là depuis longtemps, vient de temps en temps et s'assoit toujours à côté du Roseau pensant. Il m'énumère ce qu'il sait faire : le zigni (riz, bœuf au curry et au cumin, j'ai goûté c'est délicieux), le foul (crème de fèves citronnée, tout aussi bon), le café moka moulu parfumé à la cardamone. « Maintenant, beaucoup d'Érythréens à Paris, ajoute-t-il, et pas beaucoup restaurants. » Il a la bosse du commerce, en plus d'un visage d'ange, le même que Salomon qui lui se tait, puis lâche :

— Dans cinq ans, je ne sais pas ce que je vais faire…

— Même pas en rêve ?

— Je n'ai pas de rêve.

— Tout le monde a des rêves…

— Mon rêve est secret.

— Il est trop grand pour être dit ?

— Oui, il est très grand.

Chapitre 20

Chaperon rouge

Lors du dernier cours, j'ai testé une pièce de théâtre. *Le Nom*, du Norvégien Jon Fosse. Plus chic que T'Choupi ou *Le Cochon dans la mare* mais, vue de Jean-Quarré, l'œuvre appartient à la même catégorie littéraire : « facile à lire », sinon à comprendre, très facile même. Style minimaliste, écriture répétitive, vocabulaire d'une grande banalité. Quel titre, en plus, *Le Nom*. À vrai dire, c'était le seul opus de Fosse que j'avais à la maison. J'ai choisi des extraits de dialogue entre les deux principaux protagonistes, appelés « le garçon » et « la fille ». Tous deux cherchent un prénom pour leur futur enfant.

Elle : J'ai réfléchi à plusieurs noms. J'ai écrit des noms sur un papier (elle sort un bout de papier de sa poche...). Tu vois ? (Bref silence.)Qu'est-ce que tu en penses ?

Lui : Je ne sais pas. (Il s'assoit.)

Elle : Mais dis quelque chose... Tout le monde doit avoir un nom. Un joli nom.

Lui : Oui, bien sûr. (Il fait oui de la tête.)

Elle : Il faut que l'enfant s'appelle quelque chose. Il ne peut pas ne pas avoir de nom.

Lui : Eh oui. (Il va jusqu'à la fenêtre, s'arrête, regarde au-dehors. Silence.)

Etc.

Fosse est virtuose dans l'art du presque rien. Et j'ai envie de rire quand je nous entends lire son texte en découpant chaque mot, en saccageant ses silences, en massacrant ses didascalies.

Abdou le Doux fait oui de la tête avec des oscillations démesurées, Salomon sort de sa poche un papier imaginaire mais qui paraît peser aussi lourd qu'un annuaire, Suleyman déclame d'un air outré : « Tu ne penses pas sérieusement que nous allons appeler notre fils Gunnar ? »

La difficulté de la langue française est, dit-on, dans ce qui ne se prononce pas, contrairement à l'anglais par exemple qui fait correspondre les sons et les caractères utilisés pour les transcrire. Fosse, avec sa manière de décliner les mêmes phrases avec d'infimes variations, aide à la mémorisation de l'orthographe. « Le garçon et la fille se lèvent, puis s'assoient à nouveau », lit Suleyman, en butant sur chaque mot. Il comprend que le *ent* de « se lèvent » et « s'assoient » est muet. L'apprendre à l'oral est une chose, le voir écrit et répété cent fois en est une autre. Merci Jon Fosse. Maintenant que la plupart des débutants vont en cours le matin, je n'ai plus aucune mauvaise conscience à organiser ces séances de lecture avec les « intermédiaires ». Souvent, j'en perds mon latin et parfois je hais le français. Que de chausse-trappes, d'afféteries, de chichiteries. Toutes ces lettres silencieuses ou capricieuses. Ils se lèvent, le vent souffle. « Pourquoi, muet dans lèvent et pas dans *vent* ? » s'interroge Abdou. Et « set » qui s'écrit sept ? Et « doigt » qui prend un G et un T ? Et le son [s] qui se déguise en c (la porte grince), en ç (le garçon), en s (il sourit), en ss (elle pousse un soupir), en t (il ne fait pas attention à elle) ? Et le [0] ? Comment on sait, fait remarquer Salomon, si on met au, eau, aux, aut, aus, ou o ? Et les consonnes doubles, fille/ville, mille/famille ? Au nom de quoi faut-il mouiller les deux L ou pas ? Et les féminins ? « Pourquoi on dit vendeuse et pas professeuse ? » finissent-ils toujours par me demander, après plusieurs heures de lecture du *Nom*, bien que ces deux mots ne figurent nulle part dans les extraits sélectionnés. Les exilés de Jean-Quarré sont plus en avance que l'Académie française ! Dois-je leur expliquer qui sont les sages ? Narrer leurs batailles homériques contre les « barbarismes » et pour le respect des « règles de la dérivation » ou de celles qui, remontant au bas latin, régissent la distribution des genres ? Faut-il leur révéler qu'il existe, à Paris, des hommes et des femmes vêtus de vert dont l'unique mission est de veiller à ce que nul ne brusque ni ne force l'usage de la langue française afin que ne soit pas « porté atteinte à son génie » ? Leur avouer qu'après des décennies de résistance sous la Coupole et en pleine tourmente sur l'écriture inclusive, ces ombrageuses vigies viennent tout juste d'annoncer que sans doute, oui, il était temps de songer à « se pencher sur la féminisation de CERTAINS noms de métier » ? Et saurais-je leur expliquer alors que « professeuse », comme « docteuse » ou « restaurateuse », ne passeront jamais la barre alors qu'en effet « vendeuse », mais aussi « coiffeuse » ou « footballeuse » sont admis ? Je préfère leur donner les exemples en « er » (policier/policière), en « é » (député/ députée), à la rigueur en « ien » (mécanicien/ mécanicienne). Nous sommes loin du théâtre norvégien. Mais de toute façon, ils en ont marre de Fosse. Je sens bien qu'ils le prennent pour un coupeur de cheveux en quatre et que « la fille » et « le garçon » leur tapent sur le système. Tant de simagrées pour un prénom.

Le Petit Chaperon rouge a plus de succès. De ce fleuron de la tradition orale française, vieux de plus de six cents ans, Joël Pommerat, le metteur en scène, avait fait un spectacle au festival d'Avignon. Las, son adaptation conjugue la plupart des verbes au passé. Aussi en suis-je arrivée à m'atteler à mon ordinateur pour « remasteriser » deux autres versions de la fable, les plus connues, celles de Perrault et des frères Grimm. Suppression des mots compliqués – pas de chevillette ni de bobinette qui « cherra » – ou alors paraphrases explicatives et accumulations de synonymes pour les rendre compréhensibles. Transformation des imparfaits et des passés simples en présent de l'indicatif. Passage du futur simple au futur proche. Et « morale » en forme de *happy end*, à la manière des Grimm (le Petit Chaperon rouge et la grand-mère sont avalées par le loup, comme chez Perrault, mais un chasseur les sauve après avoir ouvert le ventre de la bête avec un couteau). J'y ai passé deux heures. Le Chaperon rouge, *tu es sûre ?* Oui, *Le Chaperon rouge* est un morceau du patrimoine européen mais il peut parler à tout le monde. Il fait un peu peur mais il se finit bien. Et puis, zut, c'est rigolo... *Rigolo ?* Oui, léger, sans prise de tête ni d'autres enjeux que celui d'une bonne histoire, je ne vais pas faire du Bettelheim (la *Psychanalyse des contes de fées* !). Ce sera marrant, sympa, agréable. La tristesse et le sérieux ne sont pas obligatoires...

Je me souviens qu'un jour, lors d'une réunion à Jean-Quarré, une bénévole a suggéré d'emmener les résidents à la Maison des Métallos où se jouait la dernière création de Marcel Bozonnet, *La neuvième nuit nous passerons la frontière*, une performance sur le thème de l'exil. « Cette pièce est magnifique, a répondu Tiphaine, mais pourquoi leur mettre toujours sous le nez leur condition de migrants ? Je crois qu'ils préféreraient du hip-hop, du cirque et, s'ils le pouvaient, des sorties en boîtes de nuit. »

Ou *Le Petit Chaperon rouge*. Désormais, nous commençons le cours par un extrait du conte « à ma façon ». Au début, les Africains ne voyaient pas bien ce que pouvait être un loup. « Hyène ? » a demandé Salomon. J'ai montré des photos, les Afghans ont dit qu'ils avaient les mêmes chez eux. « Voilà. Très dangereux. C'est ça », a commenté Saïdi la Flèche. Cet animal, ai-je tenté d'expliquer, a façonné l'imaginaire de millions de Français et partout en Europe, des générations d'enfants se sont endormis en priant pour ne pas le rencontrer au fond des bois. « Chez nous, c'est les lions », a dit Abdou.

Pour le moment, nous en sommes au passage où le loup frappe à la porte de la grand-mère. Nous traînons en longueur parce que l'histoire nous plaît. Eux font des hypothèses sur le dénouement. Moi, je me laisse aller à mes digressions : « Bûcherons, Bûche, Feu, Cheminée, Chauffage central, Bûche de Noël, 24 décembre, Tradition, Désillusion, Espoir, L'homme est un loup pour l'homme. »

Hier, seuls des Soudanais étaient présents et j'ai proposé à Suleyman de faire le résumé des épisodes précédents pour ceux qui avaient manqué les derniers cours. Ses explications ont duré une bonne quinzaine de minutes. Dans le flot des mots arabes « le petit pot de beurre » et « la galette » voguaient gentiment. Parfois, c'était « forêt » ou « chaperon » qui surnageaient avant de se laisser couler dans un océan de lettres aspirées puis de ressurgir à nouveau. Aux intonations du Musicien, je reconnaissais les paroles de la grand-mère ou de la petite fille. Il y mettait du cœur et tous l'écoutaient avec la plus grande attention, avant d'exiger des précisions sur tel ou tel détail. Par exemple, le piège tendu par le loup (« Prends ce chemin ! Moi, je prends l'autre chemin »), je l'ai deviné aux mouvements des bras de Suleyman. Ce désir de transmettre, cette volonté de comprendre un conte que se racontaient les paysans français au XIVe siècle, de le mêler à leur propre langue pour mieux apprendre la nôtre... C'est bête mais j'ai presque eu envie de pleurer.

Chapitre 21

Les imparfaits d'Abdou

Maintenant, Abdou m'écrit *via* Messenger. Parfois tard le soir : « Bon nuit Marie. » Ou tôt le matin : « Bon journée Marie. » Quelques mots, comme une bouteille à la mer, qui disent : regarde, j'ai un peu moins peur, regarde, j'écris dans ta langue. Mais, le plus souvent, Abdou m'écrit entre deux leçons : « Merci pour le français. Toi gentille. » Ou « lundi, leçon était amusant ». Abdou n'apprend pas seulement une langue. Il sort de son silence. Chacun de ses petits mots me dit aussi que sa timidité n'est pas seulement un trait de caractère. Il y a autre chose. Une souffrance qu'il garde au fond de lui et que je ne peux qu'imaginer à partir des récits faits par d'autres Darfouris. Il y a quelques jours, il m'a écrit : « J'étais content connaître votre famille. »

La veille, mon mari et deux de mes enfants m'avaient accompagnée à la fête qui se tenait sous le préau. Abdou a partagé avec eux l'assida, des graines de sorgho broyées, et un ragoût épicé, plats traditionnels soudanais qu'il avait cuisinés avec ses compatriotes du centre. J'aime bien faire les choses en famille. Récemment, j'ai aussi amené ma mère dans le vieux lycée, et l'une de ses amies, également en visite à Paris, presque cent soixante ans à elles deux mais fraîches comme des roses et toujours partantes pour « aider leur prochain » dans leur village basque ou ailleurs (Secours catholique, Croix-Rouge, Emmaüs, relais de Saint-Jacques-de-Compostelle, kermesses et quêtes en tout genre). Ce soir-là, il y avait un concert et pendant près d'une heure, elles ont tapé dans leurs mains tandis que quatre rappeurs syriens réfugiés en France chantaient : « Que le régime m'humilie / fuck him/ il ne m'aura pas. » Nous ne sommes pas restées jusqu'à la fin mais lorsque nous sommes sorties de la salle, tous ceux de mon cours les ont embrassées comme si elles étaient leurs grand-mères. Le lendemain, Abdou m'a encore remerciée sur la messagerie de Facebook et le soir quand je l'ai vu en cours, il m'a dit avec un grand enthousiasme : « Elle est bonne, ta mère. » J'en ris encore.

Abdou a, sans nul doute, l'esprit moins mal placé que le mien. Je ne lui ai pas expliqué le double sens de « bonne » appliqué à une femme. Il est d'une telle pudeur qu'il en aurait été très gêné. Pendant longtemps, il a été le plus taiseux parmi tous ceux que j'ai appris à connaître. De sa vie d'avant l'exil, il ne laissait rien paraître ou presque. Jusqu'à il y a deux semaines environ, lors d'un cours où nous révisions les temps du passé. Car j'ai fini par m'y attaquer, en allant, comme pour le futur, au plus pratique, c'est-à-dire au passé composé. Un temps qui, outre les commodités de sa conjugaison, a l'avantage d'être moins périlleux que l'imparfait puisqu'il est censé ne pas regarder trop loin en arrière. Le jour où la carapace de silence d'Abdou se lézarde, l'exercice débute sans anicroche.

— Hier, j'ai été à la préfecture, dit Colère. (Leur passé composé est aussi monotone que leur présent et leur futur proche.)

— Hier, j'ai marché dans la rue, poursuit la Flèche.

— Hier, j'ai parti à la porte de la Chapelle, enchaîne le Musicien.

— Non, je *suis* parti. Parfois, c'est *je suis* et non *j'ai*. Par exemple, on ne dit pas j'ai arrivé hier mais je suis arrivé hier.

— Pas en anglais, me coupe le Roseau pensant.

— Comment ça, Salomon ?

— En anglais, on dit : *he arrived yesterday*.

D'un coup, j'ai des sueurs froides. Et les grandes oreilles de Mme Pefourque viennent s'interposer dans mon champ de vision. Ses grandes dents aussi qui sifflent des « *I ARRIVED two hours ago* », des « *I HAVE BEEN ARRIVED for one hour* », des « *I HAVE ARRIVED just now* ». Je n'ai jamais réussi à accéder aux mystères de la temporalité anglaise.

— Peut-être, Salomon, mais en français, on ne dit pas « *I arrived yesterday* ». Enfin, je veux dire qu'on ne dit pas : j'arrivais hier. Mais : je suis arrivé hier.

— *Present perfect ? Not simple past ?*

— Oui, si vous voulez Salomon (j'ai les mains de plus en plus moites). Je suis arrivé, passé composé. J'arrivais, imparfait.

— C'est quoi, imparfait ? demande soudain Abdou.

— C'est quand quelque chose est fini, terminé.

Je brosse à grands traits mais je ne mens pas : « L'imparfait indique que l'événement n'appartient plus ou pas à l'actualité de l'énonciateur, qu'il s'agit d'une période révolue, d'un état ancien. »

— Mais l'imparfait, Abdou, est plus difficile que le passé composé. Il faut apprendre les conjugaisons. Par exemple pour le verbe être, c'est…

En vertu des règles de la TPR (ne pas apprendre trop de mots à la fois), je ne décline que ce verbe à l'imparfait que je fais répéter plusieurs fois. Puis en vertu de la « jurisprudence Ibrahim » (ne pas réveiller les chagrins), je cherche parmi les « choses terminées, finies, les périodes révolues, les états anciens » ce qu'il y a de plus inoffensif. Un seul et pauvre exemple, pouvant se combiner avec le verbe être, se faufile péniblement jusqu'à mon esprit :

— Moi, Marie, quand j'étais un bébé, j'étais très petite.

— Moi, Abdou, quand j'étais petit, j'étais au Soudan.

— C'est tout à fait ça. Très bien.

— Moi Abdou, avant, j'étais avec ma famille. Et mon frère était…

— Oui. Votre frère était… ?

— Mon frère était.

Je n'ai pas voulu obliger Abdou à terminer sa phrase. Et il n'a plus rien dit jusqu'à la fin du cours. Le soir, il m'a écrit sur Messenger : « Ça va Marie ? ». J'ai répondu : « Oui, ça va. Et toi ? » Il m'a aussitôt envoyé un smiley accompagné de ces quelques mots : « Ça va très bien. Bon nuit. » Mais le mercredi suivant, à nouveau, la même chape de tristesse lui est tombée dessus alors que nous faisions, cette fois, le jeu de l'alphabet.

— Lettre D. Est-ce que vous connaissez des mots qui commencent par D ?

— Dur, a attaqué Sharokan qui, malgré ses cours à l'université, vient parfois nous rendre visite. Dommage, Dégât, Dégage, Danseur, Dent, Dentiste.

— Dieu, a renchérit Salomon. Démocratie. Difficile, Dentifrice.

— Déprimé, a lâché Abdou. Il parlait de nouveau très doucement, comme lors de sa première leçon. Je l'ai stupidement félicité, le terme était recherché, son lexique s'enrichissait. Qu'est-ce que je pouvais faire d'autre ? *Déprimé* ? Les résidents du centre d'hébergement n'utilisent jamais ce mot. Ils ne disent même pas qu'ils sont tristes, juste qu'ils sont fatigués ou qu'ils ont mal à la tête. Souvent, ils ne disent rien. Et Abdou encore moins que les autres. À partir de la lettre E, il a regardé dans le vide et a laissé filer tout l'alphabet sans réagir.

C'est ce soir-là que je lui propose d'aller boire un café. Notre conversation dure près de trois heures, malgré l'aide du logiciel de traduction franco-arabe que j'ai téléchargé sur mon téléphone. Abdou, qui n'a jamais appris l'anglais, n'a pas encore assez de vocabulaire en français pour dire tout ce qu'il a tu, enfoui, cadenassé jusque-là et qu'il veut maintenant partager parce qu'un événement s'est produit dans son pays qu'il ne peut plus garder pour lui. Sa tante qu'il adorait, la sœur de sa mère, est morte. « Jenjawids », chuchote-t-il après un long silence. Dans le lycée abandonné, tous les Darfouris, Ibrahim le sage compris, baissent la voix quand ils évoquent les forces spéciales du président el-Béchir, comme si les cavaliers du diable pouvaient encore les entendre malgré les 7 000 kilomètres qu'ils ont parcourus pour les fuir. La tante du Doux allait seulement aux champs. Elle a été assassinée au bord de la route, il y a deux jours. Sa tante *était*. Elle n'est plus. Et Abdou est « déprimé », je songe au nombre de fois où j'ai employé ce terme, parce que c'était mon anniversaire, parce que je n'arrivais pas à écrire, parce que le ciel était gris ou mes cheveux trop secs ou trop gras, ou bien trop frisés ou trop plats.

Nous commandons un deuxième café. Et Abdou remonte deux ans en arrière. Au début de l'année 2016, son village, dans la région du Jebel Marra – une région luxuriante du Darfour occidental, l'une des plus irriguées du Soudan au pied d'un volcan d'où coulent des larges wadis, où l'on cultive toutes sortes de légumes, des mangues, des goyaves et aussi de l'ail en quantité –, le village d'Abdou donc est encerclé par les Jenjawids. Quelques semaines plus tôt, non loin de là, l'Armée de libération du Soudan (ALS) a tendu une embuscade à un convoi des forces gouvernementales. Les miliciens cherchent surtout des rebelles. Mais avant qu'ils n'entrent dans le village, la plupart des habitants partent se cacher dans la montagne, comme Abdou qui a alors vingt-deux ans, ses parents, ses deux sœurs et trois de ses frères. Seul l'aîné, Jibril, n'a pas le temps de s'enfuir ou décide de rester. Abdou penche pour la deuxième hypothèse. Son frère, dit-il, s'est sacrifié pour tenter de préserver la maison des pillages. Jibril signifie « serviteur de Dieu », ce prénom est la forme arabe de « Gabriel », le messager, l'archange des trois religions du Livre.

De ce frère aîné, qui n'a pas voulu abandonner quelques arpents de terre, lorsque Abdou et sa famille reviennent trois jours plus tard, il ne reste qu'un corps atrocement mutilé, près de l'enclos où était rassemblé leur maigre bétail qui a disparu, comme le peu qu'ils possédaient. Son frère *était*. Et il n'est plus. Toutes les maisons ont été brûlées et le sol est jonché de cadavres. Abdou et les siens n'ont d'autre solution que de se mettre en route, de village en village, chez des parents éloignés, puis jusqu'à Geneina, la capitale de la province, à la frontière du Tchad. Ils y construisent une nouvelle maison. Abdou reprend l'école et se lie d'amitié avec Daoud qui est four comme lui. Tous deux sont étroitement surveillés par les fonctionnaires du gouvernement central. Les Fours constituent le groupe majoritaire dans la province à laquelle ils ont donné leur nom. Ils ont longtemps vécu dans un royaume puissant, dont les sultans menèrent plusieurs expéditions militaires notamment contre l'Égypte. L'un d'eux n'hésita pas à féliciter Bonaparte lors de sa victoire sur les Mamelouks, lequel lui répondit par lettre : « Je vous prie de m'envoyer par la première caravane deux mille esclaves noirs ayant plus de seize ans, forts et vigoureux. Je les achèterai tous à mon compte. » Le royaume s'écroula à la fin du XIXe siècle, passa sous domination égyptienne puis britannique, et n'intégra la République du Soudan qu'en 1956. Les Fours, comme les Masalit ou les Zaghawa, autres populations du Darfour, sont islamisés de longue date mais descendent de « tribus non arabes » et ils ont été parmi les premiers, dès la fin des années 80, à se révolter contre le régime d'el-Béchir. Le leader de leur insurrection, un Frère musulman, avait, disait-il, pris les armes parce qu'il ne supportait plus de se voir reléguer dans un coin de la mosquée par le simple fait d'être noir. Il fut torturé jusqu'à la mort. Khartoum a vaincu la plupart de ses successeurs mais au moment où Abdou arrive à Geneina, le pouvoir continue à mener une lutte sans merci contre les rebelles. Dans le Jebel Marra, en même temps que le village d'Abdou, cent soixante-dix autres ont été attaqués et selon Amnesty International trente-deux bombardements ont été menés à l'arme chimique. Geneina n'est pas non plus à l'abri de la répression. À l'école, Abdou me dit avoir été harcelé par la police du renseignement. Est-ce parce que son ami Daoud est proche de l'ASL ? Le Doux m'assure que non et précise que lui-même n'a jamais été membre de ce mouvement. Qu'est-ce que cela change ? Au mois d'avril 2016, des miliciens entrent chez Daoud et le tuent. Puis ils se dirigent vers la maison d'Abdou. Sa mère les voit et lui crie de partir. Abdou court mais les Jenjawids ont le temps de lui tirer une balle dans le mollet, une autre dans la cuisse. Il parvient à leur échapper. L'hôpital, me précise-t-il encore, est contrôlé par le gouvernement. Il est emmené loin de la ville, à dos d'âne, chez son oncle. Pendant quatre mois, il ne peut faire un pas ni tenir sur ses jambes et les Jenjawids sont toujours sur ses traces, continuant à interroger et à menacer ses parents. Le départ pour la Lybie, caché dans un camion rempli de vaches et de moutons, est sa dernière issue.

Le séjour d'Abdou le Doux dans ce pays, tel qu'il est en train de me le décrire en laissant refroidir son troisième café, ressemble à celui d'Aldon le Footballeur, de Suleyman le Musicien, d'Abdelaziz Colère, de Mahmoud Lewis, de Salomon le Roseau pensant et de beaucoup d'Africains qui arrivent aujourd'hui en France ou en Europe. L'enfer. L'« enfer libyen » qui comme le « bourbier afghan » est devenu une formule, parce qu'il n'y a pas d'autres mots. Abdou a eu de la chance, si l'on peut dire. Il n'a pas été dépouillé de ses pauvres bagages en cours de route ni tout de suite jeté en prison après avoir traversé le désert.

Il a été moins malchanceux en tout cas que Salomon détroussé par l'un des gangs criminels qui pullulent dans la région. Un épisode survenu quelque temps après sa fuite du camp militaire de Sawa. Salomon m'en a donné les détails, lors de l'un de nos apartés dans l'attente des retardataires. Après avoir erré plusieurs jours, affronté les serpents, les hyènes, il a fini par franchir la frontière entre l'Érythrée et la Libye mais son passeur était en cheville avec les bandits qui lui ont tout volé, ainsi qu'à ceux qui étaient montés dans la même fourgonnette que lui.

Abdou a également été cent fois plus chanceux qu'Aldon et mille fois plus que Mahmoud. Tous deux ont été enlevés à peine arrivés en Libye et emmenés à Sebha. Une oasis au milieu du Sahara et surtout l'une des plaques tournantes les plus infernales du trafic d'êtres humains, nul ne peut l'ignorer depuis les images de CNN montrant l'une des ventes d'esclaves qui s'y est déroulée. Ce trafic a toujours existé mais ses bénéfices ont été multipliés de façon vertigineuse par le chaos post-Kadhafi. Un milliard, sinon plus, de dollars par an qui enrichit les passeurs, les détrousseurs du désert, les kidnappeurs, les milices privées ou officielles, les entrepreneurs locaux, des membres du gouvernement. Chacun se sert au passage. Chacun se fait racheter par l'autre l'inépuisable matière première que constituent les migrants. Ce n'était ni le même jour, ni le même mois mais Aldon et Mahmoud, dès qu'ils sont descendus du camion dans lequel ils avaient embarqué au Soudan, ont tous deux été trahis par leurs passeurs et vendus à l'une de ces prisons sauvages ouvertes par des particuliers, dont le seul objectif est de soutirer des rançons aux familles des captifs venus de toute l'Afrique subsaharienne du Soudan à la Guinée, de l'Érythrée à la Gambie en passant par le Nigeria. Mahmoud et Aldon ont été séquestrés presque deux mois dans la même ville, peut-être dans la même prison ou dans une autre, il y en a tant. Aldon, qui ne m'en avait rien dit lors de ses premières confidences, m'a lâché récemment : « Quand j'étais à Sheba, ils ont vendu des Nigérians. Moi, ils m'ont tapé avec un tuyau. » Sa famille, à laquelle on retransmettait ses cris par téléphone, a vite cédé. Elle a payé. D'après ce que me dit Ibrahim le Sage, celle de Mahmoud a un peu plus tardé et il a été torturé à l'électricité.

Abdou a échappé à cela, au début. Après avoir traversé la frontière soudanaise, il a atterri, à Tobrouk, ville portuaire de l'est de la Libye, près de l'Égypte, et il a réussi à se faire embaucher dans une entreprise de BTP puis dans un magasin. Il a connu, dit-il en buvant son café froid, d'autres Soudanais de Tobrouk que leurs employeurs battaient et exploitaient comme des esclaves. Ses employeurs à lui étaient « gentils », c'est du moins ce qu'il croyait. Pendant neuf mois, ils lui ont versé son dû. En revanche, il était racketté tous les jours par l'une des innombrables milices qui ont essaimé dans la région. Pour ne pas perdre le peu d'argent qu'il gagnait, il est parti sur la côte ouest, à Tripoli. C'est là qu'après avoir évité les épreuves subies par ses compagnons d'infortune, il a fini par être arrêté, une première fois. Par de « vrais » policiers ? Par des faux qui l'ont revendu aux vrais ? Ou l'inverse. Il ne sait plus. Toujours est-il qu'il s'est retrouvé au centre de détention de Sorman à une soixantaine de kilomètres de Tripoli. Un vrai centre celui-là, géré par le ministère de l'Intérieur et sa « Direction de combat contre la migration illégale ». Une fois encore, il a été relativement chanceux. Bien que le centre de détention de Sorman ait été plusieurs fois attaqué par des trafiquants venus récupérer leur « marchandise », il est beaucoup moins surpeuplé que celui de

Misrata, autre ville de la Tripolitaine où a croupi Abdelaziz-Colère sans pouvoir jamais allonger les jambes tant sa chambrée était pleine. Abdou a été libéré au bout de quinze jours, et à nouveau il n'en est pas revenu de sa chance. Il a marché pour rejoindre, quinze kilomètres plus loin, la ville de Sabratha, autre cité côtière où des milliers de migrants attendent un bateau pour l'Italie. Il n'a pas fait deux kilomètres qu'il a été arrêté une deuxième fois. On l'a traîné jusqu'à un sous-sol.

Était-ce le même que celui où Salomon a fini par être enterré pendant un mois, alors qu'après l'attaque des bandits du désert, il avait gagné Sabratha sans trop d'encombre et cru être tiré d'affaire ? Sans doute pas. Abdou, tout en touillant un morceau de sucre dans son quatrième café, me parle de la cave d'une villa et d'un soupirail qui laissait filtrer un rayon de lumière ; Salomon, lui, a été enfermé dans un hangar dont les fenêtres avaient été murées. Il en est ressorti en croyant, comme son ami Calvin lorsqu'il avait été empoisonné par le serpent cracheur, avoir perdu la vue et après que ses deux sœurs et un oncle, tous en exil – les premières en Suisse et à Dubai, le troisième en Israël –, ont réuni 2 000 dollars de rançon. Ils ont envoyé l'argent au Soudan, à

Khartoum où les trafiquants ont, aux dires de Salomon, « un bureau » qui centralise leurs opérations commerciales. Pour Abdou, le tarif était de 2 300 dollars payés par l'un de ses employeurs de Tobrouk, l'entrepreneur en bâtiment, qui les avait préalablement facturés à sa famille restée au Darfour. Abdou se demande aujourd'hui si tous les Libyens qui l'ont employé ou enchaîné, le patron du BTP, les vrais ou faux policiers de Tripoli, les matons de Sorman, les kidnappeurs de la villa, n'étaient pas liés, se le repassant de main en main et prélevant leur part à chaque fois.

À Sabratha, il a patienté plusieurs jours dans un baraquement avant de pouvoir grimper dans un bateau pneumatique avec une centaine d'autres migrants, tandis que des soldats ou des policiers leur tiraient dessus pour qu'ils avancent plus vite. Une fois au large, il a été une dernière fois racketté de quelques dinars, c'est tout ce qui lui restait, par des « pirates » à jet-ski. Mais il s'en souvient à peine après ce qu'il a vécu avant d'atteindre l'Italie. Sept heures de navigation par gros temps. La nuit, il se réveille encore aussi paniqué que lorsqu'il touchait le fond du canot, en plastique et si fin face aux énormes vagues. Le reste, l'épuisement à son arrivée en Sicile, le trajet jusqu'à Milan, puis Vintimille, les douze heures de marche dans la vallée de la Roya en plein mois de février, les premières semaines dehors dans les rues de Paris, lui ont presque paru faciles à supporter.

Lorsque j'écoute le récit d'Abdou, après avoir entendu ceux d'Aldon ou de Salomon, les images de douze hommes négociés sur un parking de Sheba – « Qui a besoin d'un mineur ? C'est un mineur, un grand homme fort, il va creuser… 500 dinars, 550, 600, 650... » – n'ont pas encore été diffusées par CNN. Mais des centaines d'autres reportages sur le travail forcé en Libye ont été montrés à l'écran ou publiés dans la presse. Le « buzz » provoqué par cette vidéo n'a pas encore ému la « communauté internationale ». Mais le Haut-Commissaire aux réfugiés de l'ONU s'est déjà indigné du sort fait en Libye aux migrants, réduits en esclavage par des vendeurs de main-d'œuvre, affamés et torturés par les tenanciers des geôles privées mais aussi victimes d'une maltraitance abjecte dans les prisons officielles. Le Haut-Commissaire aux Droits de l'Homme a même crié que « leur souffrance » était « un outrage à la conscience de l'humanité ». Et Médecins sans frontières, qui intervient dans les centres de détention de Tripoli, a décrit dans de nombreux médias le calvaire de milliers de « personnes traitées comme des marchandises, entassées dans des pièces sans ventilation, vivant les unes sur les autres, déféquant sur le ciment, forcées par les gardiens de courir nues jusqu'à s'écrouler sur le sol, battues, violées ».

Au moment où je bois du café avec Abdou, l'Union africaine, à laquelle la chaîne américaine n'apprendra rien de nouveau, n'a pas encore condamné les pratiques esclavagistes et les conditions d'incarcération des migrants en Libye. Pas plus que l'Union européenne. Mais à celle-ci des dizaines d'ONG n'avaient cessé de rappeler que sa politique aboutissait à entretenir un système ignominieux. Que ses pays membres avaient voté un budget de 90 millions d'euros pour former les garde-côtes libyens à contenir les flux migratoires, ce qui revenait donc à ramener les migrants en enfer. Que les Italiens, débordés par ce flux, en étaient arrivés à négocier directement avec certains trafiquants et qu'ils auraient même versé à l'un d'eux 5 millions de dollars pour que ses milices bloquent les départs de bateaux à Sabratha. Ce qui, là encore, équivalait à renvoyer des êtres humains vivre dans des conditions sous-humaines pour préserver notre « sécurité » et notre « tranquillité ».

Au moment où je bois du café avec Abdou, le président de la République française n'a pas encore constaté l'impact sur l'opinion des images de CNN mais, comme tous les chefs d'État, il n'en a pas besoin pour savoir ce qui se passe en Libye.

Au moment où je bois du café avec Abdou, je m'apprête à partir en vacances pour trois semaines, obéissant à d'autres lois, celles des migrations saisonnières, du tourisme estival, des baignades dans les eaux de la Méditerranée, les yeux fermés ou seulement ouverts pour regarder le ciel sans penser à ce qu'il y a sous nos corps qui font la planche. Je laisse le lycée délabré, ses murs couverts de graffitis, son jardin potager. Je sais que je reviendrai, futur simple. J'appartiens à cette partie de l'humanité qui peut voyager sans craindre de se heurter à des frontières ou d'être renvoyée d'où elle vient par le premier avion. Est-ce qu'Abdou et les autres seront encore là à mon retour ?

Chapitre 22

Néologisme

Il y a les mots que je leur ai appris et ceux qu'ils m'ont donné à voir sous un autre jour.

« C'est pas grave »

« Déprimé »

« Préfecture »

« Dubliné »

Ce dernier terme a longtemps été pour moi un concept abstrait, manié par les membres d'associations d'aide aux migrants que je connaissais ou par des amis avocats qui défendent des étrangers.

Dubliné : Substantif adjectivé, néologisme objectif, non pas figure de style ou métaphore poétique (« néologisme subjectif »), mais expression partagée et apparue dans un certain contexte.

Vient du nom de la ville irlandaise où les Européens ont signé une convention dite « accords de Dublin » stipulant que tout demandeur d'asile ne pourra solliciter la protection que d'un seul État membre de l'Union, celui par lequel il est entré et où il a laissé ses empreintes digitales.

Dubliné : Jargon de spécialistes. Prototype de novlangue utilisée dans les administrations pour établir une ligne de partage qui sépare les migrants en deux catégories. Ceux dont la France examinera la demande d'asile et ceux dont elle ne veut pas entendre parler parce que leurs dermatoglyphes ont été enregistrés en Italie, en Bulgarie ou en Hongrie.

Dubliné : Loterie biaisée par la géographie, absurde et cynique, la plupart des migrants se faisant contrôler toujours dans les mêmes pays, la France se déchargeant sur les nations frontières et refusant de prendre sa part maintenant que ces États s'estiment en « surcharge ».

Dubliné : Mot recouvrant désormais pour moi une réalité humaine, des visages connus, des itinéraires de vie, des passés, des présents, des futurs. Le Polyglotte est « *dubliné* Hongrie », c'est ainsi qu'on dit, la Flèche « *dubliné* Bulgarie », comme de nombreux Afghans ayant emprunté la même route. Le Roseau pensant et Colère sont « *dublinés*

Italie », comme la grande majorité des Africains qui ont pris un bateau depuis la Libye. La Sicile est juste en face.

Sharokan, Saïdi, Salomon, Abdelaziz, et tant d'autres résidents de Jean-Quarré voient leur avenir suspendu aux accords du Dublin. Je me suis envolée pour mes vacances italiennes en me demandant si je les reverrais. Je me disais qu'à mon retour ils seraient peut-être enfermés ou déjà expulsés vers un autre morceau d'Europe qui ne voudrait pas plus d'eux, qu'ils repartiraient pour un interminable voyage, chaque gouvernement se les repassant comme le mistigri, se défaussant, plaidant le trop-plein, certains n'hésitant pas à les renvoyer vers l'Afghanistan ou le Soudan. Je n'aurais même pas pu leur dire au revoir. Cette perspective déployait une ombre sur mon farniente, mais j'avais presque honte de le dire, moi si privilégiée, eux si précaires.

Lorsque je suis rentrée, fin août, aucun ne manquait à l'appel. J'ai retrouvé tous ceux qui étaient venus à mes cours avant l'été. Au soulagement que j'ai ressenti j'ai pu mesurer mon attachement à eux. *Personne ne t'a demandé de t'y attacher. Ils sont de passage. Jean-Quarré est un centre d'hébergement d'urgence. Urgence, provisoire, destiné à ne pas durer*. Je sais ! Et je le sais si bien que désormais je ne peux m'empêcher de les regarder en fonction de leur étiquetage administratif, avec ses classes et ses sous-classes.

Il y a les « statutaires » c'est-à-dire ceux qui, comme Ibrahim le Sage, ont déjà obtenu leur asile et il y a les « demandeurs » qui espèrent l'obtenir. Parmi ces derniers, il y a les « non-*dublinés* » qui ont réussi à atteindre la France sans laisser leur empreinte ailleurs – Abdou le Doux, que la Providence semble garder sous ses ailes, est dans ce cas – et il y a les « *dublinés* » que le dactylographe a attrapés avant qu'ils ne traversent la frontière. À la roulette russe de l'exil, ils ont tiré le mauvais numéro. La préfecture est en train d'examiner leur dossier. Bientôt, beaucoup sauront à quelle nouvelle catégorie ils seront affectés selon que la France décide ou non de se sentir « responsable » de leur protection. Si elle refuse, elle le leur fera savoir par une « notification de transfert » (autre formule orwellienne appliquée aux étrangers quand on veut se débarrasser d'eux) et ils deviendront des expulsés en puissance (des « *deported* » disent les Anglo-Saxons). Ils seront redirigés au mieux vers le pays européen qui a scanné l'empreinte de leurs doigts, au pire vers leur pays d'origine. Si la France veut bien reconnaître sa « responsabilité » envers eux, elle leur accordera non pas des papiers, ce serait trop simple, mais le droit d'en demander et ils rejoindront alors la cohorte des « demandeurs ». Du stade de *dubliné*, ils passeront à celui de *dédubliné* qui ouvrira une nouvelle période d'incertitude jusqu'à une décision définitive. En attendant, leur angoisse s'épaissit jour après jour. Je n'ose pas leur demander s'ils ont compris que la grande réforme migratoire annoncée par Emmanuel Macron, « l'homme bon pour les réfugiés », ne sera pas bonne pour eux. Ont-ils entendu ce que le chef de l'État vient de déclarer ? « Nous ne reconduisons pas assez », comprendre : « Nous allons expulser beaucoup plus. » Cette façon de jouer avec les mots. De passer en quelques mois de l'hyperbole (« c'est l'honneur de la France d'accueillir des réfugiés ») à la litote… La nouvelle rhétorique présidentielle est glaçante. Je pense à Aldon qui non seulement est « *dubliné* Italie » mais à qui la France a déjà signifié une fin de non-recevoir. C'est la raison pour laquelle il avait disparu au printemps.

Il n'est revenu en cours que vers la mi-octobre. À Jean-Quarré, pourtant, on m'assurait qu'il habitait toujours là et qu'on le voyait de temps en temps au réfectoire. À l'approche de l'été, je lui avais tout de même envoyé un texto. Il n'avait pas répondu. Quelques semaines plus tard, je l'ai appelé. Son numéro n'était plus attribué et son compte Facebook fermé. Aldon, m'ont dit les autres, ne venait même plus au réfectoire. Personne ne savait où il était bien qu'il soit toujours administrativement rattaché au centre d'hébergement. Et puis, dans les premiers jours d'octobre, il a réactivé sa ligne et m'a annoncé son retour en m'envoyant une vidéo par sms. Un mur dans la nuit, filmé par quelqu'un qui marche et dont on entend la respiration. Puis une sorte de souterrain. Et soudain, en gros plan, un visage qui hurle, celui de l'adolescente possédée de *L'Exorciste* ou de Freddy le serial killer des *Griffes de la Nuit. Ton fils aurait pu faire ce genre de choses, t'envoyer une vidéo gore débile pour s'amuser à te faire peur.* Le Footballeur n'a que vingt ans, j'ai tendance à l'oublier.

Avant l'été, Aldon a appris que la France avait statué sur son cas. Il a d'abord été convoqué à la préfecture où un fonctionnaire lui a remis un document long de plusieurs pages lui indiquant que son « transfert » serait « effectué dans un délai maximum de six mois à compter de la décision d'acceptation de sa réadmission » par l'Italie. En attendant, précisait le document, il resterait « assigné à résidence » et devrait pointer trois fois par semaine au commissariat. Il n'était pas placé en CRA (centre de rétention administrative) comme d'autres *dublinés*, et il pouvait s'estimer heureux, lui a dit le fonctionnaire. Humour administratif. C'est peut-être à ce moment-là qu'Aldon a commencé à regarder des films d'horreur. En tout cas, il n'est plus venu en cours. À quoi bon apprendre le français, puisque la France ne voulait plus de lui ? Au cœur de l'été, il est allé se cacher chez des amis soudanais dans la région lyonnaise. La préfecture l'a déclaré « en fuite ». Il a fini par regagner Paris parce qu'un avocat l'a persuadé que des « recours » étaient encore possibles. Gagner du temps, rogner quelques semaines de plus. Aujourd'hui encore, l'avocat dit à Aldon que rien n'est garanti mais que « c'est jouable ». Le Footballeur lui répond que si les recours échouent, il ne montera dans aucun avion. Il deviendra un « fugitif de la police », un clandestin. Il est comme tous les « *dublinés* » de Jean-Quarré. Désespéré à l'idée de retourner un jour en Italie. Comment peut-on désespérer à l'idée de vivre sous les cieux de la dolce vita ? Moi qui en reviens n'attends que d'y repartir lors de prochaines vacances. *Évidemment, ils n'ont pas vu la même Italie que toi !* Quand même, c'est troublant de voir à quel point ils n'aiment pas ce pays.

Aldon n'en connaît que le camp sicilien de Mineo. Il y a été amené après avoir été repêché au large de l'île par l'un des navires de la marine militaire italienne engagés dans les opérations de sauvetage de migrants. À l'époque, Aldon ne sait rien des accords de Dublin et il se laisse faire quand des policiers scannent ses empreintes dans la base de données Eurodac, même s'il ne veut aller nulle part ailleurs que dans cette France dont le joueur ivoirien lui a fait la réclame dans son club de foot de Khartoum. Il n'a pas vraiment le choix, de toute façon. Ceux plus au fait de la législation européenne qui, à la descente du bateau, se débattent ou gardent leurs poings fermés pour y cacher leurs doigts, sont enregistrés de force. Les policiers sont sur les dents. Suite au contrôle renforcé des circuits migratoires passant par les Balkans ou la Grèce, l'Italie est devenue l'un des principaux points de passage, en particulier pour les Africains ; abandonnée par ses voisins européens, elle gère les « flux » comme elle peut. Le camp de Mineo, non loin de Catane, loge près de quatre mille personnes, réparties dans plusieurs centaines de pavillons, entourés de grillages barbelés hauts de trois mètres. Le tout est installé sur une ancienne base militaire américaine (prévue pour mille huit cents soldats). Lorsque Aldon arrive, la nourriture y est plus que médiocre, l'État a coupé le robinet à subventions suite à l'arrestation de plusieurs membres du réseau « Mafia Capitale » dont les conversations téléphoniques interceptées par la police résument la philosophie : « Tu n'as pas idée de combien on gagne sur le dos des immigrés. Le trafic de drogue est moins rentable. » Entre les aides gouvernementales, les fonds de solidarité, les appels d'offres pour la gestion des centres d'hébergement, les profits qu'en retirent ceux qui les remportent, l'accueil des demandeurs d'asile génère près des 3 milliards d'euros par an sur lesquels les professionnels du crime organisé et toutes sortes d'affairistes prélèvent leur part avec la complicité d'élus et de fonctionnaires corrompus. Dès qu'ils ont raflé un marché de prestataires de services, ils diminuent la qualité de la restauration, du nettoyage, de la literie afin d'augmenter leurs marges. Ils gonflent les chiffres sur le nombre des hébergés, détournent des millions d'euros d'argent public. À Mineo, ils vont jusqu'à voler les allocations journalières des migrants (2,50 euros). Ailleurs, ils divisent les rations alimentaires par deux ou servent des repas immangeables seulement le midi. À force de corruption et de pots de vin, ils parviennent même à ralentir les procédures d'asile. Sous prétexte d'« engorgement administratif », leurs centres ne désemplissent pas. Toutes sortes de commerce y prospèrent. Épicerie, service de taxi, prostitution, travail au noir (50 centimes de l'heure dans les orangeraies alentour) et aussi officines de passeurs qui parfois font payer au prix fort ceux qui veulent poursuivre leur route vers d'autres pays d'Europe. Extorsion, kidnapping et chantage à la torture, il n'est pas rare que la mafia locale utilise les mêmes méthodes que ses homologues africaines ou nord-africaines. En amont, déjà, elles travaillent ensemble pour que jamais ne s'interrompe les arrivages dont elles ont besoin pour faire marcher leur pompe à fric. Dans les écoutes de la police, on entend aussi un capo sicilien dire à un Égyptien chargé d'organiser les transports en bateau : « S'ils te trouvent, jette tout le monde par-dessus bord. »

Tu en viens à regarder l'Italie à travers la même loupe que les dublinés ! Tous les centres d'hébergement ne sont pas gangrenés par la mafia. Il y a eu des arrestations, des procès. Qu'est-ce que j'y peux ? Les résidents de Jean-Quarré me disent avoir mal mangé et mal dormi dans des camps surpeuplés, en Sicile, en Campanie, en Émilie-Romagne, en Vénétie… Ou alors quand ces centres étaient vraiment trop bondés, ils disent avoir été transférés dans des maisons isolées ou des fermes agrotouristiques, louées par le gouvernement à des particuliers. Certains faisaient des économies sur tout, les repas, l'espace (« On était quarante par chambre », dit Colère), l'électricité, les douches, en empochant l'argent public. Plusieurs amis italiens m'ont aussi parlé de ces villages-vacances au bord du dépôt de bilan, de ces hôtels désertés à la basse saison, de ces entrepôts déserts pour cause de crise économique, transformés en « structures temporaires d'accueil ». Leurs propriétaires ont béni les migrants tandis que ceux à qui ils n'apportaient rien ont été de plus en plus nombreux à vouloir les rejeter à la mer. Cela aussi, Aldon et les autres l'ont vu. Les villageois qui ont érigé des barricades pour bloquer les bus qui acheminaient les migrants. Les squats de Rome évacués à coups de canon à eau sous les applaudissements de la foule. Les Noirs, insultés, parfois lynchés sur des plages ou dans la rue. Les prêtres qui leur venaient en aide harcelés par des militants d'extrême droite. « Les migrants dehors ! Les pauvres d'abord ! Basta »…

Tu dois leur dire que l'Italie n'a pas toujours été comme ça. Je le leur dis ! Ce pays a dû faire face à l'urgence et si la Ligue du Nord excite les passions mauvaises d'autres partis ou associations continuent de faire preuve d'une solidarité exemplaire et très souvent magnifique… Mais ils n'en démordent pas. Rien ne leur fera sortir de la tête l'idée que « les Italiens sont racistes ». Par comparaison, ils en viennent à dresser un portrait si élogieux des Français que je me demande parfois si nous habitons dans le même pays : « Ici, les gens sont gentils… Dans le métro, ils s'assoient à côté de nous… Dans la rue, ils ne changent pas de trottoir… Dans les magasins, ils sourient… » Abdou m'assure que, déjà en Libye, tous les Soudanais lui répétaient : « Il faut aller France. » Aujourd'hui, quand il parle avec ceux qui sont en Allemagne, en Hollande ou en Angleterre, il reste persuadé qu'il a fait le bon choix. « Il y a beaucoup moins de racisme ici », me serine-t-il avec un sourire désarmant.

À lui comme aux autres, je n'ai pas le cœur de rappeler que mon pays, qu'ils idéalisent tant ils voudraient y rester, a été ces dernières années l'un des plus pingres, frileux, étriqués, fermés, renfermés. Si je voulais briser leurs illusions, je n'aurais même pas besoin de le comparer à l'Allemagne qui, dans l'échelle de la générosité, a été championne hors catégorie lors du dernier « pic migratoire ». En 2015 et 2016, lorsque deux millions et demi d'exilés ont demandé aide et protection sur le continent européen, Angela Merkel a décidé de donner refuge à la moitié d'entre eux. Si je voulais faire de la peine à Abdou, il me suffirait de mettre mon pays en balance avec l'Italie. Au moment de la crise, cette dernière a augmenté son offre d'asile de 500 % et la France de… 20 %. *Mon* pays est resté barricadé derrière les accords de Dublin. Que l'Allemagne ouvre ses portes si cela lui chante, que les Italiens se débrouillent, tant pis s'ils sont zone tampon. Aujourd'hui ces deux États considèrent qu'ils ont fait assez d'efforts. Le premier a récemment refusé quelque 300 000 demandes, dont celles de beaucoup d'Afghans. Quant au deuxième, qui a fait diminuer de 33 % le nombre des arrivées en collaborant avec les Libyens, il ne veut plus garder les Africains, même ceux dont il a enregistré les empreintes. Ce sont ces migrants, refoulés par les Allemands ou les Italiens, qui grossissent aujourd'hui les rangs des demandeurs d'asile dans *mon* pays, effet de balancier, sinon juste retour des choses. Et que fait *mon* gouvernement ? Il durcit ses lois envers les *dublinés.* À la frontière franco-italienne sont piétinés les principes auxquels la France, *ma* France, souscrit, qu'elle brandit même à la face des autres nations : « Toute personne qui se présente sur le territoire a le *droit de demander* l'asile quel que soit son pays de provenance. » Mais dans les Alpes françaises, les gendarmes de haute-montagne, dont la mission est de sauver des vies humaines, ont pour consigne de réexpédier en Italie les hommes et les femmes qui tentent la traversée. Même s'ils sont blessés, gelés jusqu'à l'os, arrivés au bout de leurs forces. Même s'ils sont mineurs, ce qui contrevient à la Convention internationale des droits de l'enfant. Mon pays ne leur laisse plus user du droit inaliénable de solliciter l'asile que celui-ci soit par la suite accepté ou pas. Et s'ils ont malgré tout réussi à passer, on les enferme dans des centres de rétention « provisoires », installés à la va-vite, dans des Algecos. Parfois mon pays ne prend même pas la peine de les enfermer. Il les arrête, à Nice ou à Menton, alors qu'ils vont déposer dans les formes leurs demandes d'asile et il les expulse aussi sec en Italie.

L'hiver est là, les fêtes de fin d'année approchent. Aux résidents de Jean-Quarré, je n'ai pas non plus le cœur de dire que « l'homme bon » élu en mai à l'Élysée est en train de préciser ce qu'il entendait, quelques mois auparavant, par « refondation complète de notre politique migratoire ». Cela leur ferait une jolie leçon sur le sens des mots pourtant. Le fait de les désigner comme dublinés, et non plus comme des demandeurs d'asile ou même des sans-papiers, permet de décomplexer tous ceux qui veulent les chasser. Dublin a bon dos. Et Dublin autorise calculs et stratégies de boutiquier. En France, la moitié des demandeurs d'asile sont étiquetés « Dublin ». Six fois sur dix, c'est l'Italie qui a forcé leurs mains, la plupart ont été enregistrés sous la contrainte. Ils ne voulaient que passer par la péninsule, jamais ou presque, ils n'ont engagé de démarches pour y rester. L'Europe au pays d'Ubu. Elle applique des règles obsolètes conçues pour des étrangers qui empruntent un avion pour aller d'une capitale à l'autre. A-t-on vu ces dernières années beaucoup d'Érythréens ou d'Afghans voyager en Boeing ? Ils arrivent à pied ou en bateau, et donc aux pays frontières. Europe technocratique, Europe en retard d'une guerre, Europe du chacun pour soi. Les nations du Vieux Continent se défient dans des parties de billard. Quand ils ne viennent pas d'Italie, les migrants qui sollicitent l'aide de la France ont été déboutés en Allemagne (quatre sur dix). Les pays expéditeurs ne veulent pas les reprendre. Et le gouvernement français se désole parce que 90 % des dublinés sont toujours sur son sol alors qu'une réglementation européenne l'autorise à les renvoyer. C'est rageant. Il faut liquider ce stock, c'est un réservoir à disposition pour baisser ces chiffres de la migration qui effraient tant les électeurs. Nous garderons les Syriens, les réfugiés estampillés par l'opinion (oui la colère m'emporte, il faut forcer le trait pour crever le mol édredon de mots dont nous sommes recouverts). Nous accueillerons par la voie légale, nous le promettons, 3 000 réfugiés africains venus de Libye d'ici 2019. Mais pour les dublinés, point de compassion théorique ou effective. Pas d'« honneur » ni de « devoir » de la France. Mesures, circulaires, décrets. Amélioration et accélération des procédures de transferts. Modification de la loi pour contourner un arrêt de la Cour de cassation qui a jugé illégale leur rétention. Accroissement de la surveillance pour limiter les risques de fuite grâce à l'aménagement de centres d'hébergement qui leur seront spécialement destinés.

Néologisme : « langue qui fait ses besoins » (Frédéric Dard).

Dublinés. Néologisme sommaire, peu élégant. Longtemps d'usage limité. Puis utilisé dans les annonces et les discours des membres du gouvernement, lorsque l'un des axes de la politique migratoire du président Macron est apparu plus clairement (expulser plus et mieux). Désormais fréquemment écrit dans les journaux, prononcé à la télévision, sans doute bientôt dans les cafés du commerce. En voie de « lexicalisation », c'est-à-dire sur le point d'être admis par certains dictionnaires, voire dans le répertoire de la Délégation générale à la langue française.

Chapitre 23

Dire sa vie

Un jour, ils partiront. Je ne sais pas encore où ni quand mais ils quitteront le vieux lycée pour un autre centre qui ne sera pas « d'urgence », pour un vrai logement ou bien pour un centre de rétention puis un avion qui leur fera encore franchir des milliers de kilomètres. Je les oublierai sans doute comme ils m'oublieront.

Depuis bientôt dix-huit mois, ils apprennent ma langue, je n'apprends pas la leur. Je ne sais pas dire « Bonjour, je suis Marie » en arabe, ni en pachto, ni en tigrigna. Mais nous nous parlons. Parfois, nous nous comprenons. D'autres fois, nos paroles, comme toutes les paroles, sont tissées de mensonges. Je ne cherche pas à connaître les leurs. J'essaie d'attraper les pensées sous les mots, les bulles d'espoir, les échos de douleur dont je ne saurais certifier les raisons ou la chronologie mais qui sont bien là, de cela je suis sûre. Mon autre certitude est que le prix de la vérité n'est pas le même pour eux que pour moi. Si l'envie me prenait de m'inventer une autre existence que la mienne, de prétendre à des souffrances que je n'ai jamais vécues, de trafiquer mon curriculum vitae, je ne risquerais pas grand-chose hormis le ridicule.

Eux sont tenus à la vérité, ou au moins à une apparence de vérité. Ils ont obligation d'en présenter une version qui ne peut souffrir aucune incohérence. S'ils veulent obtenir l'asile en France, ne pas être sommés de retourner d'où ils viennent, ils doivent faire ce que l'Office français de protection des réfugiés et apatrides appelle un « récit de vie », c'est-à-dire un compte-rendu de leur existence antérieure et des raisons qui ont présidé à leur exil. Un rapport sur eux-mêmes, le plus précis et le plus étayé possible. Passeports, actes de naissance, permis de conduire, diplômes, certificats médicaux, hospitalisations, ou ordonnances de soins suite à mauvais traitement, passages à tabac, tortures. Ibrahim le Sage n'a pas eu trop de difficultés à rassembler quelques-uns de ces documents. Il est l'un des rares, parmi les participants à mon cours, à avoir passé cette épreuve devant l'OFPRA. Une sorte de grand oral, un interrogatoire serré mené par un fonctionnaire chargé de vérifier l'authenticité du « récit de vie ».

Aldon, Sharokan ou Salomon n'y ont pas encore été invités et n'y auront peut-être jamais droit puisqu'ils sont *dublinés*. Abdou qui ne l'est pas attend d'être convoqué. Chaque fois que je le vois, je ne cesse de me demander comment il a réussi, lui qui semble le plus fragile, le moins téméraire, à échapper à la prise d'empreintes en Italie. Sans doute s'est-il fait encore plus petit pour passer entre les mailles du filet. Il me répond toujours que Dieu était avec lui ce jour-là et qu'il veille encore sur lui. Le Doux vient d'être accepté à l'« école des réfugiés » THOT. Une vraie école avec des vrais professeurs de français langue étrangère et de vrais diplômes à la clé, créée par trois jeunes femmes qui ont quitté leurs métiers et le confort d'un salaire pour lancer ce projet financé par *crowdfunding*. Les places y sont recherchées et limitées. Abdou a maintenant la sienne. Parfois, elle lui fait oublier que son séjour en France n'est encore qu'un sursis.

Sur Messenger, il m'a écrit : « L'école me rend heureux. »

Pour lui comme pour tous les demandeurs d'asile, l'entretien à l'OFPRA est la bataille décisive, le rendez-vous crucial dans l'interminable liste de ceux qu'ils ont déjà honorés. Ils s'y préparent avec des amis ou avec les juristes des associations d'aide aux migrants. Ils savent qu'être pauvre, avoir faim, ne pas trouver de travail, souffrir de ne pouvoir élever dignement ses enfants ne sont pas des misères suffisantes pour obtenir une protection de la France. À l'officier qui écoutera leur récit, et devant lequel ils pourront être accompagnés d'un avocat et d'un interprète, ils devront prouver qu'ils ont été persécutés dans leurs pays et que ces persécutions sont fondées sur « la race, la religion, la nationalité, l'appartenance à un certain groupe social, une orientation sexuelle ou une opinion ». Si l'officier se rend à leurs arguments, ils se verront octroyer une carte de résident de dix ans renouvelable, au titre d'un asile dit « conventionnel », en référence à la Convention de Genève, ou « constitutionnel », ce dernier étant réservé aux étrangers en danger à cause de leur action en faveur de la liberté et de la démocratie (militants politiques, syndicalistes, artistes ou intellectuels engagés). Au cas où ils ne rempliraient aucune de ces conditions, l'officier pourra éventuellement leur accorder une carte de séjour temporaire, dans le cadre d'une protection dite « subsidiaire ». Mais alors, il leur faudra démontrer que, dans leurs pays d'origine, ils risquent « peine de mort ou exécution, torture, traitements inhumains ou dégradants, menace grave et individuelle contre leur vie en raison d'une violence résultant d'une situation de conflit armé interne ou international ».

Ils disposeront de deux heures à peine, parfois moins, pour plaider leur bonne foi. Deux heures où tout se jouera. Deux heures où, chaque date, lieu, événement mis en exergue sera recoupé, toujours soupçonné, souvent contredit.

De cet entretien, Ibrahim le Sage ne conserve que des images floues – « comme quand la télé ne marche pas » – et aussi une sensation bizarre : « J'étais là et je n'étais pas là. » D'autres réfugiés, depuis longtemps en France, m'ont dit la même chose. Lors de leur passage à l'Ofpra, ils ont eu l'impression étrange d'avoir restitué non pas leur histoire mais celle de quelqu'un d'autre. Selon les psychologues du centre Primo-Levi qui soignent les exilés victimes de tortures ou de violences politiques, cette mise à distance du passé permet d'en expurger la douleur ou du moins de s'en protéger, jusqu'à parfois en oblitérer des pans entiers. Certains restent muets devant les agents de l'Ofpra quand on exige d'eux un « récit ». Tout ne serait donc qu'une histoire de mots. Mais raconter un événement traumatique, ce n'est pas seulement de décrire, c'est aussi le revivre. Le plus cruel est d'en ressentir de la honte. Honte d'avoir subi des sévices, honte aussi d'être parti, d'avoir abandonné sa famille, de n'être plus rien, de quémander un refuge. Honte enfin de ne pas être reconnu dans sa souffrance quand on est débouté.

Les tortionnaires et les dictateurs délivrent rarement des attestations de leurs exactions à leurs victimes.

Abdou le Doux n'a que les cicatrices laissées par les deux balles qui lui ont traversé la cuisse et le mollet. Qu'est-ce qui dit qu'elles ne résultent pas d'une simple bagarre ? Ou qu'il ne se les est pas faites lui-même ? C'est ce genre de choses que demandent les officiers de l'OFPRA, l'a prévenu un ami soudanais. Aldon le Footballeur, qui ne désespère pas d'être *dédubliné*, a été lui aussi averti. Son avocat lui a raconté que l'un de ses clients avait été interrogé sur le temps qu'il faisait quand il était parti de chez lui. Qu'un autre, ayant apporté le témoignage écrit envoyé par un proche resté dans son village, s'était vu opposé que s'il avait pu obtenir ce document, c'était qu'il avait gardé des liens dans son pays et qu'il pouvait donc y retourner sans risque. Tous les officiers de l'OFPRA ne sont pas aussi pointilleux, beaucoup appliquent simplement la loi. Mais si Aldon parvient à décrocher son entretien, il aura à rendre compte de tous les aléas de son existence, or les aléas, par définition, sont difficilement explicables, en tout cas pas en deux heures. Suleyman le Musicien, qui a passé les trois quarts de son existence à Khartoum, devra convaincre qu'il est bien Darfouri et que son ethnie est persécutée par le régime. Quant à Saïdi la Flèche, il faudra qu'il persuade son juge des menaces qu'il encourt s'il retourne dans la ville d'Afghanistan où il est né, maintenant que les combats entre les forces gouvernementales et les Talibans y ont perdu de leur intensité. Dans sa demande d'asile, le fait d'avoir marché des centaines de kilomètres dans des montagnes hostiles et enneigées ne pèsera d'aucun poids. Tout comme pour Suleyman et aussi Abdelaziz ou Mahmoud le fait d'avoir quitté le Soudan, non pas parce qu'ils y étaient en danger, mais pour aller gagner leur vie en Libye où ils n'ont trouvé que travail forcé et traitements inhumains. Je les imagine à ce grand oral…

Ibrahim le Sage m'a raconté qu'avant que ne débute son entretien, son avocat lui avait énuméré en anglais la liste des règles à suivre. Éviter les cris et encore plus les pleurs. Rester calme et précis. Ne jamais baisser la tête, regarder son examinateur dans les yeux mais sans afficher un air arrogant. Les agents de l'Ofpra, lui a-t-il aussi expliqué en pensant le rassurer, jugent sur les pièces qui leur sont présentées mais au final, c'est leur intime conviction qui l'emporte. Il a ajouté un dernier conseil, le plus important selon lui, mais qui ressemblait à une quadrature du cercle : surtout ne pas ânonner son texte comme une leçon apprise par cœur et en même temps respecter scrupuleusement les faits énoncés dans la version écrite remise préalablement à l'Office. L'avocat avait raison. Souvent, les fonctionnaires de l'Ofpra motivent leurs rejets à la manière de professeurs de français corrigeant une rédaction : « Récit stéréotypé », « manque de spontanéité à l'oral », « absence de personnalisation ».

Ibrahim n'est tombé dans aucun de ces travers. Il n'a pas non plus cédé à la tentation d'aller trouver l'un de ces faiseurs de miracles dont les résidents de Jean-Quarré ont tous entendu parler.

Souvent installés dans le quartier de la Chapelle, à Paris, ils prétendent connaître les erreurs à ne pas commettre devant l'Ofpra. Ils disent savoir les pièges à éviter, les choses à ne pas dire et aussi les ingrédients nécessaires pour faire basculer n'importe qui de la catégorie « migrants économiques » à la celle, bénie, de « réfugiés ». Ces hommes, Soudanais, Éthiopiens ou Sénégalais mais aussi Chinois ou Sri-Lankais sont des « vendeurs d'histoires ». Ils se font payer, 200 ou 100 euros, parfois même 50, pour écrire des récits de vie. En général, les agents de l'Office ne mettent pas plus de dix minutes à les faire voler en éclats. Leurs ficelles sont toujours les mêmes. Beaucoup de déboutés ne l'auraient pas été s'ils avaient simplement dit la vérité.

« N'invente rien, ne cesse de répéter, depuis quelque temps, un réfugié érythréen à Salomon. Reste toi-même. » Salomon fait partie des *dublinés*, mais il a déjà commencé à rédiger son mémoire, sans en parler à personne.

— Je fais attention aux moustiques.

— Les moustiques ?

— Oui, Marie, les espions.

Les espions à la solde du gouvernement d'Asmara, les exilés érythréens disent que ces indics qui pullulent dans leurs pays prolifèrent aussi à Paris, au sein même de la diaspora puisqu'une partie d'entre elle continue à défendre le régime, plus souvent par peur que par conviction, en relayant la propagande de l'ambassade d'Érythrée (« tous nos ressortissants sont des migrants économiques, il n'y a aucune atteinte aux droits de l'homme dans notre pays, le président Afewerki n'est pas un tyran »). Les moustiques infiltrent aussi les rangs des interprètes œuvrant auprès de l'Ofpra pour traduire les récits de vie qu'ils édulcorent quand ils les jugent trop critiques.

Salomon n'a pas encore à se soucier d'eux. Pour le moment, son esprit est encombré de chiffres et de pourcentages. Si la France lui accorde le droit, juste le droit, de demander l'asile, combien de chances a-t-il de l'obtenir ? Jusqu'en 2014, l'Ofpra annonçait un « taux de protection des Érythréens » (c'est-à-dire le nombre d'acceptations rapporté à l'ensemble des demandes) de 15 % (contre 92 % au Royaume-Uni). Un chiffre ridiculement bas au regard de la tyrannie que fait peser Afewerki sur ses concitoyens mais qui s'explique, toujours selon l'Ofpra, par une forte proportion d'Éthiopiens ou Somaliens se faisant passer pour des Érythréens pensant ainsi accroître leurs chances de se voir délivrer un statut de réfugié. Ces « usurpations d'identité » ayant été débusquées, le taux de protection des « vrais » Érythréens dépasse aujourd'hui péniblement les 40 %. Celui des Soudanais tourne – cela dépend des années – autour de 50 %. Pour les Afghans, il se situe aux environs de 80 %, parfois frise les 90 %.

Sharokan, « *dubliné* Hongrie », et Saïdi, « *dubliné* Bulgarie », hésitent à s'en réjouir. D'un tempérament optimiste, ils se disent parfois que ces 88 % laissent augurer de leur réintégration dans la « procédure normale ». Sharokan était, il y a encore quelques mois, le plus confiant. La France, lui disait-on, a des principes, elle répugne à renvoyer au pays de Viktor Orbán. Mais ces derniers temps, rien ne peut rassurer le Polyglotte. Il est de plus en plus nerveux, il craint que la France, à l'unisson de l'Europe tout entière, ne soit en train de tourner le dos aux Afghans. Comment lui donner tort ? Au sein de l'Union, il y a deux ans, ces derniers étaient protégés à 68 % aujourd'hui, c'est 33 %. Et le nombre de renvois a presque triplé alors que les victimes civiles continuent à se compter par milliers dans son pays (11 000 rien qu'en 2016), tombées lors de combats, d'attentats, de représailles. Et encore, moi, je ne sais de tout cela que ce que les journaux m'en disent. Sharokan lui en a des échos tous les jours par Facebook, par sa famille, ses amis. Les forces de sécurité afghanes se livrent à des exactions, des arrestations arbitraires, des tortures, la police est trop corrompue pour protéger la population, les fondamentalistes continuent à vouloir imposer leurs lois. Je ne sais pas s'il en parle avec les autres Afghans de Jean-Quarré. Mais Rezza, par exemple, celui qui m'avait « invitée » à ses fiançailles *via* Facebook, m'a dit qu'il venait d'apprendre l'assassinat de son cousin, un garagiste qui avait eu le malheur de réparer la voiture d'un Taliban en conflit avec un autre. La sœur de Saïdi la Flèche, elle, a été obligée d'arrêter ses études parce qu'elle a quinze ans et que les islamistes ne tolèrent pas que les filles de cet âge sortent seules pour se rendre à l'école.

Tout cela n'a pas empêché l'Union européenne de promettre au pouvoir en place à Kaboul le versement de 5 milliards d'euros à condition qu'il reprenne sur son territoire 80 000 de ses ressortissants, volontaires au retour ou non. Depuis, tous les États européens s'emploient de concert à atteindre ce quota. La Norvège, la Suède, l'Angleterre, l'Allemagne… Cette dernière a opté pour des « renvois collectifs » à bord d'appareils spécialement affrétés, malgré la fronde des pilotes de ligne qui ralentit, parfois, l'efficacité de ce procédé. La France agit avec plus de discrétion en plaçant les Afghans, un par un, à l'arrière d'un avion de ligne tandis que la police aux frontières distribue des tracts aux voyageurs pour leur rappeler les sanctions prévues en cas d'« entraves au bon déroulement du vol ». Ces derniers mois, certains passagers ont malgré tout empêché les décollages, quelquefois avec la complicité du commandant de bord ou de l'équipage, alertés par l'embarqué de force qui avait réussi à hurler qu'on l'envoyait à la mort, en dépit du bâillon pudiquement appelé « réducteur phonique » que des agents avaient posé sur sa bouche. En 2016, la France a cependant réussi à faire monter une centaine d'Afghans dans ses avions et elle en a mis dix fois plus en rétention. Ceux à qui l'asile a été refusé comme ceux qui n'ont pas encore pu le demander, c'est-à-dire les *dublinés*. Désormais, ils sont de plus en plus nombreux à être enfermés dans les CRA. Ils ne peuvent être expulsés (« faire l'objet d'une mesure d'éloignement » en novlangue) tant qu'un juge n'a pas tranché. Et lorsque la justice autorise leur renvoi, la France n'ose pas encore, à de rares exceptions, les faire atterrir directement à Kaboul (les tribunaux s'y opposent en raison des dangers encourus et annulent la plupart des décisions quand elles vont dans ce sens). La France préfère se draper dans les accords de Dublin, et les réexpédier vers l'Allemagne, la Suède ou la Norvège où le risque d'un aller simple pour Kaboul est réel. L'Allemagne, notamment, a décrété qu'il existait des « zones sûres » en Afghanistan.

Parfois, Sharokan envisage le scénario le plus noir. Il tremble à l'idée de se rendre aux convocations obligatoires de la préfecture. Et si on l'arrêtait, là-bas, pour le mettre lui aussi dans un CRA ? En même temps, il ne peut pas décliner ces rendez-vous, sinon il sera « déclaré en fuite », il perdra son allocation et n'aura plus droit à aucune protection. Alors, il y va, avec à chaque fois le ventre noué. « Tu ne risques rien, tu es un "Hongrie Dublin" », lui disent d'autres résidents de Jean-Quarré qui ont la malchance d'être passés par l'Allemagne, la Norvège ou la Hollande, pays éminemment fréquentables et donc susceptibles de devenir leurs prochaines destinations. Mais Sharokan, je le vois bien, n'arrive plus à se raisonner. Quel perte de temps et quel gâchis ces petits supplices administratifs, ces procédures qui traînent. Si ça se trouve, il finira par obtenir ces papiers. Mais que de mois perdus qu'il aurait pu occuper à mieux préparer sa nouvelle vie. Ils sont des milliers comme lui à qui l'on impose ces gymkhanas, sous prétexte de ne pas créer « d'appel d'air » et de ne pas donner envie à tous les damnés de la Terre de venir en France. Comme si elle avait eu ces dernières années la réputation d'être accueillante ! À un moment donné, les Syriens, qui pouvaient facilement y obtenir l'asile, préféraient presque tous aller ailleurs. « J'aurais dû essayer de partir au Canada », me dit parfois Sharokan. Il passe par tous les états. Parfois, il se raccroche à cette idée que, souvent, les décisions de transfert, pour les dublinés, se perdent dans les méandres des dissensions européennes et qu'au pire il pourra se cacher, vivre sans papiers. Mais avec les nouvelles lois en préparation, se demande-t-il quelques heures plus tard, est-ce que tout cela ne va pas changer ? Le soir avant de s'endormir, il se console en se disant que son ancienne qualité de traducteur auprès des militaires canadiens est son meilleur atout, qu'il a, à sa manière, participé à l'effort de guerre des Occidentaux, qu'il a combattu le même ennemi que la France. Et puis le lendemain, au réveil, il apprend ce qui arrive à Mohammad, l'un de ses compatriotes, hébergé dans un foyer de Charleville-Mézières qui, lui, a été interprète de l'armée tricolore. En 2015, lorsque les troupes de l'OTAN ont quitté l'Afghanistan, Mohammad, devenu comme Sharokan une cible vivante pour les Talibans, a demandé à l'ambassade de France de lui accorder un visa. Il pouvait exciper de contrats de travail en bonne et due forme et de lettres de recommandation de ses anciens supérieurs. Il a essuyé un refus. Il a alors tenté de rejoindre la France par ses propres moyens mais a été contrôlé par la police aux Pays-Bas où ses empreintes ont été relevées et où sa demande d'asile a été rejetée. Il a poursuivi sa route jusqu'à Charleville, espérant que cette fois la patrie des droits de l'homme se montrerait reconnaissante. Mais aujourd'hui, brandissant la règle de Dublin, la France veut qu'il reparte aux Pays-Bas, laissant aux Néerlandais la « responsabilité » de renvoyer en Afghanistan, s'ils le souhaitent, celui qu'ils ont déjà débouté une première fois.

Pendant la campagne présidentielle, le candidat Emmanuel Macron avait comparé la situation des 152 interprètes et auxiliaires afghans abandonnés sans visas, lors du retrait de l'armée française, à celle des harkis. Eux aussi, avait-il dit, sont victimes de la « trahison », c'était son mot, du pays qu'ils ont servi. De cela non plus, Sharokan ne sait pas ce qu'il doit penser.

Chapitre 24

L'arbre à vœux

Dans le vieux lycée Jean-Quarré, le 31 décembre au soir, personne n'a accroché de nouveaux souhaits sur l'arbre à vœux. Une autre année commence, il faut avoir la force de dire que tout ira bien. Et je veux croire que c'est par superstition que l'arbre est resté nu.

Au moment où je referme ce dernier chapitre, Abdou le Doux a toujours un voile de tristesse dans les yeux. Il pense à son frère, à sa tante, à ses parents mais il continue à étudier à l'école Thot, abritée par l'Alliance française dans les beaux quartiers de Paris. Jusqu'à il n'y a pas si longtemps, il venait dans mes cours chaque fois que son emploi du temps le lui permettait. Parfois, je le croisais dans le métro avec un casque sur les oreilles. Il répétait tout bas des exercices oraux téléchargés sur son portable ou relisait sur un grand cahier, impeccablement tenu, la conjugaison des verbes du deuxième groupe : « Les arbres fleurissent ; les ombres rapetissent. » Fin décembre, il m'a envoyé un message affolé : « Je suis transféré dans le sud de la France. » Je l'ai rassuré comme je pouvais : « Le sud de la France, c'est bien aussi, il y a du soleil. » L'OFFI venait de lui trouver un hébergement dans un CADA, un centre d'accueil de demandeurs d'asile, théoriquement plus confortable que la structure d'urgence créée à Jean-Quarré. Nous avons été plusieurs à plaider sa cause auprès de l'administration pour qu'il n'ait pas à interrompre sa formation à Thot. Le transfert a été repoussé mais seulement de quelques semaines. Abdou avait en outre mal compris quel serait son nouveau lieu de résidence. Ce n'était pas le « sud de la France », mais la région Centre. Il partait dans l'un de ces villages installés au cœur de ce qu'il est convenu d'appeler le « désert français ». Lorsqu'il m'a donné le nom de cette commune de mille habitants, j'ai cherché sur Internet à quoi elle pouvait ressembler. Les journaux racontaient que la douzaine de demandeurs d'asile qui y séjournaient depuis deux ans avaient été bien accueillis par la population. Le maire s'était mis en quatre. Plusieurs Afghans et Soudanais avaient intégré l'équipe de foot locale qui grâce à eux était remontée en troisième division. Je me suis empressée d'envoyer ces articles à Abdou. « C'est fantastique », m'a-t-il répondu, sans aucune ironie. Il est là-bas désormais mais l'administration lui permet de revenir régulièrement à Paris pour préparer l'examen de Thot qui validera son « niveau A 1 ». Quand il est de passage, nous buvons encore du café ensemble. Son village, dit-il, a des allures de bourg fantôme, avec des « maisons fermées et des gens très vieux ». Mais, il n'y est pas mal. À Noël, il m'a envoyé une photo de lui dans la neige.

Sharokan le Polyglotte continue à se battre contre ses idées noires. Il n'a pas encore été « dédubliné ». Mais il jongle toujours avec les mots et les dictionnaires et espère pouvoir mettre son talent au service de ceux qui en sont dépourvus quand il aura obtenu un diplôme d'interprète. Grâce au stage qu'il suit à l'université, il élargit le cercle de ses connaissances, se fait des « amis français », est invité dans des fêtes. Une autre vie qui peut à tout moment basculer vers un CRA. Cet acronyme aux sonorités de mitraillette le réveille encore la nuit mais il se rendort en décidant de croire que jamais la France ne le renverra en Hongrie, qui viole l'État de droit et que l'Europe menace sans cesse de mettre au ban. « Ton pays, Marie, ne va pas faire ça. »

Ibrahim le Sage ne se lasse jamais de sortir de son portefeuille sa carte de résident. L'obtention d'un statut de réfugié a longtemps été son unique obsession, mobilisant tous ses espoirs et toute son énergie. D'autres épreuves l'attendent, presque aussi difficiles. Il n'a pas de travail et pourtant, tous les jours, il cherche. À Jean-Quarré d'autres « statutaires », c'est-à-dire des détenteurs de titre de séjour comme Ibrahim, occupent des emplois précaires dans le bâtiment, la restauration, le nettoyage mais habitent toujours dans le vieux lycée censé n'accueillir que des exilés en attente d'asile. Il ne suffit pas d'avoir des papiers pour trouver un logement. À Paris, même les chambres de bonne sont chères. Ibrahim ira bientôt s'installer en banlieue parisienne, en colocation avec d'autres Soudanais. En attendant, il prend garde aux « espions » du régime d'el-Béchir. Récemment le ministre de l'Intérieur français a reconnu que des policiers et des fonctionnaires venus de Khartoum avaient été autorisés à mener des « missions d'identification », dont certaines dans des centres de rétention, pour repérer les demandeurs d'asile soudanais « susceptibles de représenter une menace ». Pour se changer les idées, Ibrahim va souvent au Louvre. La dernière fois, il a réussi à retrouver ce que j'avais cherché en vain : la salle d'exposition du fameux portrait de « Louis XVI en costume de sacre ».

Salomon est redevenu assidu après avoir connu le même passage à vide que Sharokan. Pendant un moment, les accords de Dublin ont eu raison de sa persévérance. Il a déserté les cours, et encore une fois j'ai maudit cette ville irlandaise en me disant que la France avait perdu un amoureux de sa langue. Puis, au début du mois de janvier, alors que je traversais le préau pour me rendre dans la classe, j'ai aperçu une longue silhouette, reconnaissable entre toutes, plantée devant la porte. Il était 17 h 55. Le Roseau pensant était de retour. « J'ai été dédubliné », m'a-t-il lancé avant que je n'arrive jusqu'à lui. Cette joie dans sa voix… Ce soir-là, en attendant les retardataires, il m'a dit quel était son rêve. Ce rêve tellement « grand » qu'il l'avait tenu secret à chaque fois que nous avions étudié le futur. Il veut devenir médecin. Il en a fait la promesse à ses parents avant de quitter l'Érythrée. Le même soir, j'ai aussi élucidé le mystère de sa ponctualité. Salomon avait un nouveau téléphone sur lequel il avait pu télécharger Google Earth. Il brûlait de s'en servir. Nous sommes donc repartis en voyage virtuel dans son pays. Et il m'a montré le trajet de dix kilomètres qu'il parcourait tous les jours pour aller de son village jusqu'à l'école la plus proche. Ce trajet durait à peine plus d'une demi-heure parce qu'il le faisait en courant. Il partait au petit jour et, pour aller plus vite, il coupait à travers les ravins, le lit de rivières asséchées, les tas de rocailles. L'instituteur ne tolérait aucun retard, une fois l'heure passée, il verrouillait la porte. Les cours se tenaient seulement le matin. L'après-midi, Salomon faisait ses devoirs en gardant les vaches et le soir, faute d'électricité, il étudiait à la lampe torche. Le matin, il repartait, toujours haletant, avec dans l'oreille les recommandations de son père : « Il ne faut jamais faire attendre un professeur, ce sont les élèves qui doivent l'attendre. »

Suleyman le Musicien fabrique un nouveau fauteuil en métal pour une association qui lui a passé commande. Il vient aussi de recevoir sa « notification de transfert » vers l'Italie qui doit accepter sa « réadmission » pour qu'elle soit effective. Son avocat lui assure que les autorités transalpines traînent de plus en plus souvent les pieds pour reprendre leurs *dublinés*. Si la France n'a pas réussi à le renvoyer dans un délai de six mois, lui a encore dit l'avocat, elle deviendra « responsable » de lui, en lieu et place de l'Italie, et la préfecture ne pourra faire autrement que de lui donner le droit de déposer une demande d'asile. Souvent, le Musicien regarde le temps qu'il fait à Marseille mais quand il pleut à Paris, il dit comme toujours : « C'est pas grave. »

Aldon le Footballeur joue toujours au foot. Il me jure qu'il s'échappera avant que ne lui soit délivré son « routing » (autre terme de la novlangue administrative signifiant : « billet d'avion à fin d'expulsion ») et qu'il vivra en clandestin comme des milliers d'autres avant lui. En prévision des jours mauvais, il essaie de gagner un peu d'argent. Il monte des échafaudages, cinq euros de l'heure, pour des vacations qui commencent à l'aube et finissent à la tombée du jour. Travail au noir, sans papiers, sans assurance, il suffit d'aller porte de la Chapelle pour trouver des chasseurs de main-d'œuvre. Il s'est aussi lié d'amitié avec Jean-Baptiste, le jeune professeur bénévole du mardi soir. Ils aiment autant le football l'un que l'autre. Ils y jouent parfois ensemble. Jean-Baptiste a vingt-cinq ans, il a réussi son Capes mais, avant d'enseigner, il profite d'une année sabbatique pour se consacrer à la revue littéraire (*Arènes*) qu'il a fondée avec quelques camarades d'université. Parce qu'il est, contrairement à moi, un vrai professeur de français, je veux, avant de terminer ce livre, lui laisser le dernier mot ou presque, en reproduisant l'extrait d'une lettre qu'il m'a écrite, il y a peu, au sujet d'Aldon : « Les conversations régulières que j'ai avec lui me remplissent de joie simple, puisque ce sont des conversations totales. On parle de foot, de religion, de visa, de grammaire. Et puis à la fin et au début, on se donne une profonde accolade, accompagnée d'un sourire complice. Cela pour dire que je n'ai jamais eu aucune difficulté – et je pense qu'il en est de même pour tous ceux qui apprennent à connaître migrants et réfugiés – à établir un rapport vrai et sincère avec lui et les autres résidents de Jean-Quarré à première vue si différents de moi. Hier, Aldon m'a confié que le plus dur, pour lui, s'il venait à être refoulé par les autorités françaises, ne serait pas de se remettre en chemin, mais bien de quitter une langue et de la perdre à jamais. Je t'avoue que sa remarque m'a semblé tellement belle que j'ai eu du mal à retenir mon émotion. Il m'a rappelé que la langue était le premier repère et le premier repos pour un être en voyage, ou pour l'être en général. »

Nous sommes tous des êtres en général et aussi des êtres en voyage, mobiles ou immobiles, mais mouvants toujours, et « apprenants ». Aldon, Abdou, Sharokan, Ibrahim, Suleyman, Salomon et tous les autres nous amènent dans leur sillage autant que nous les amenons dans le nôtre. Je les ai rencontrés par les mots, à travers les mots. « Plus on apprend de langues, a dit il y a plus de deux mille ans le poète Ennius, plus on est humain. » Alors, ils le sont bien plus que moi qui en connais si peu. J'aimerais qu'un jour ils soient assez à l'aise en français pour pouvoir lire ce récit. J'ai essayé ici de restituer leur parole en disant aussi ce qu'elle avait éveillé en moi. Il m'en a coûté parfois mais il m'a semblé que je le leur devais. Les raconter eux seuls sans y mettre un peu de moi, me comporter en greffière revenait à les transformer en objets d'étude. *Ils seront mes ethnologues*, m'étais-je promis. Ils l'ont été. Ce que je leur devais aussi, c'est de dire que non seulement ils nous apportent mais qu'ils nous *rapportent*. Si ce livre ne parvenait à en persuader ne serait-ce qu'un lecteur, je n'aurais plus à rougir ni à regretter de m'y être dévoilée. L'accueil de l'étranger n'est pas une charité mais un échange. Il nous ouvre un monde dont nous n'avons pas idée. Il démultiplie nos points de vue, enrichit nos perceptions. Nous en tirons *bénéfices*. L'accueil, l'hospitalité, l'entraide, la solidarité, la fraternité, l'humanisme, peu importe comment on appelle ce geste ou ce mouvement de l'âme, peu importe qu'il procède d'une éthique, d'une croyance ou d'un heureux caractère, peu importe qu'il soit un engagement ou un passe-temps, plus nous serons nombreux à l'expérimenter, plus les barrières tomberont, plus les politiques s'infléchiront.

Certains appelleront cela de l'angélisme. J'y vois au contraire un réalisme féroce. Un pari égoïste. L'espoir d'un retour sur investissement. La meilleure adaptation au monde qui s'annonce. Faut-il être candide pour imaginer une planète débarrassée des fléaux, guerres, dictatures, terreur, pauvreté, désordres climatiques, qui nourrissent les élans migratoires. Aucun rempart, aucune ligne rouge n'y résistera. Nous avons tous *intérêt* à devenir des êtres en voyage. Et à faire de notre langue un repère et un repos. Je continuerai à aller à Jean-Quarré, dans la petite salle au bout du préau.

Paris, 7 janvier 2018

Remerciements

Pour leur accueil et pour tout ce qu'ils m'ont appris, merci à Abdullah, Aldon, Ibrahim, Salomon, Sharokan, Suleyman, et aussi à Abdelaziz, Abdoelmonem, Abdulhamid, Abdulrahim, Aboubakar, Ahmed, Alser, Amal, Ajmal, Bachir, Dilit, Farrokhzad, Fayçal, Filimon, Hashimi, Mahmoud, Michael, Mohamed, Mohamad, Mounir, Moussa, Nowroz, Ikram, Issa, Karim, Khabir, Khalid, Olfat, Omar, Pasoon, Rezza, Saïdi, Saïd, Shoaib, Tesfay, Wali. Merci aux nouveaux arrivés avec lesquels je vais continuer à apprendre. Merci à Tiphaine Bouniol et à Kelvin Olisamuni d'Emmaüs Solidarité.

Pour son soutien indéfectible, sa patience sans limite, ses conseils de tous les instants, son amour inépuisable, merci à Matthieu.

Pour leur enthousiasme, leur confiance, leur précieuse relecture et, en un mot, leur bienveillance, merci à Karina Hocine, Isabelle Monnin, Charlotte Von Essen, Laurent Laffont, Isabelle Laffont.

CET OUVRAGE A ÉTÉ COMPOSÉ PAR PCA
ET ACHEVÉ D'IMPRIMER
PAR NOUVELLE IMPRIMERIE LABALLERY POUR LE COMPTE
DES ÉDITIONS J.C. LATTÈS
17, RUE JACOB, 75006 PARIS
EN OCTOBRE 2018

Dépot légal : mars 2018
Rang d'édition : 05
N° d'impression : 810383
Imprimé en France